LA FORMACIÓN
DEL
DERECHO MERCANTIL

PABLO R. BANCHIO

Profesor de Sociedades Civiles y Comerciales, de Derecho Bancario, Financiero y
Mercado de Capitales en la Facultad de Derecho y de Derecho Económico I en la
Facultad de Ciencias Económicas de la Universidad de Buenos Aires

LA FORMACIÓN DEL DERECHO MERCANTIL

Editorial *Perspectivas Jurídicas* Buenos Aires
2005

Banchio, Pablo R.
La formación del derecho mercantil - 1a edición revisada - Buenos
Aires; Perspectivas Jurídicas, 2005.
112 págs.; 22,86 x 15,24 cm.

ISBN 978-987-22345-1-5

1. Derecho Comercial. I. Título.
CDD 340.1

ISBN 978-987-22345-1-5

Impreso en Argentina - Printed in Argentina

*A la memoria de mis abuelos Juan Marín y Zoila Ballejos,
protagonistas y formadores de la educación púbica argentina del
siglo XX*

ÍNDICE

INTRODUCCIÓN

En el mundo actual el nexo visible entre la historia y el derecho, constructor de ella, está desgarrado. Gracias a la globalización disponemos de accesos a la información como nunca hubiéramos pensado. Sin embargo, se ha perdido la conciencia de la finitud del presente y de la continuidad del pasado.

De nuestra vida diaria han desaparecido los elementos históricos, sin embargo, estos, por lejos, no han perdido su influencia. En tiempos de transición -como lo es todo cambio de era- marcados por la pérdida de orientación y por la inseguridad respecto del futuro, no podemos renunciar a la historia, al menos para aclarar el presente y encarar el porvenir.

Los seres humanos, sobre todo los occidentales, somos seres históricos, sin la capacidad de recordar nos caeríamos en el vacío, por tanto, estamos obligados a conservar el recuerdo como contrapeso al ímpetu creador, a la voluntad desnuda del sueño prometeico que nos impulsa hacia delante, que es nuestro destino[1].

El derecho, si bien no es para la historia ni se legitima por ella, es un elemento fundamental y visible de la historicidad. Es la pervivencia de la historia en el presente, en la vida de cada uno con perspectivas biográficas[2] y a través de él vemos que no hay ninguna posibilidad de huir de la historia, de reprimir su recuerdo y olvidarla y mucho menos de negarla, sin exagerar su importancia para no convertirla en un obstáculo a la comprensión del derecho.

Solo mirándola a la cara un pueblo se hace libre, aclara su presente y descubre quien es de frente al porvenir. La conciencia de la historia tiene que ver con identidad y con identificacion y esa identidad no puede fundarse en el rechazo del pasado.

---

[1] BURCKHARDT, Carl J. "El descubrimiento de lo inesperado", en *La historia entre ayer y mañana*, Munich 1974, página 20.

[2] CIURO CALDANI, Miguel Angel; "Perspectivas históricas y biográficas en el mundo jurídico" en *Boletín del Centro de Investigaciones de Filosofía Jurídica y Filosofía Social*, número 10, página 27, Rosario, 1989.

Quien no se puede relacionar plenamente con su propia vida, con la existencia vivida, buscará en vano su identidad y es en el derecho como en ningún otro despliegue cultural donde esto se reconoce en plenitud; donde el hombre occidental, ese hombre sin piso ha flotado hacia su destino a lo largo de la historia con plena conciencia de la temporalidad dotada de sentidos y de oportunidades[3] valiéndose del derecho como constructor de la misma.

Y es particularmente en la rama del derecho que nos toca analizar donde se ve acabadamente la formación de ese hombre marítimo descripto por HEGEL que se mueve y se desplaza con la audacia de renunciar a tener piso, la destreza para dominar la materia y la confianza para manejar la técnica.

El derecho comercial es una gigantesca navegación hacia un mundo desconocido que ese hombre comerciante ha pensado en terminos de adapatación de lo juridico a la satisfacción de sus necesidades a las que las instituciones particulares que crea intentan dar respuesta, haciendo el derecho tal cual lo necesita, a punto tal que esa cultura de comerciantes ha generado al fin un mundo movido por el comercio.

Y esa rama mercantil del derecho, que se sale del tronco común recién en la Edad Media, desborda hoy, incluso los derechos particulares de los estados, observándose en forma creciente una tendencia a la unificación del derecho, ahora en favor del derecho comercial, en virtud del constante grado de avance de las relaciones económicas en el fenómeno de la globalización postmoderna, en la que esta rama del derecho brinda la expresión más típica del sistema económico imperante en Occidente.

Es el momento de ese "salto" lo que describimos en este trabajo, pero para ello y para llegar al mismo y comprenderlo cabalmente hay que desarrollar la evolución de sus instituciones jurídicas a través de la historia, ya que al remontarnos a ese pasado no nos alejamos del presente toda vez que, como CROCE, pensamos que toda historia es historia contemporánea.

Por eso nuestro relato comienza en Babilonia porque la cultura persa es parecida a la griega donde principia esa aventura de flotación que se ve en su derecho que es abierto, aéreo y que no está enclaustrado, es el derecho occidental prometeico del mundo según nuestra voluntad[4].

Continúa en Roma, una cultura superficial que legó a Occidente la idea del derecho privado patrimonial (el reino de los repartos

---

[3] La temporalidad tiene un despliegue tridimensional que se trata de las dimensiones cronológia, lógica y axiológica. CIURO CALDANI, Miguel Angel; *Estudios de Historia del Derecho*, Fundación para las Investigaciones Jurídicas (FIJ), Rosario, 2000, página 10.

[4] CIURO CALDANI, Miguel Angel; *Estudios ....*, página 53.

autónomos) ligando a las personas a traves de la propiedad privada y la libertad de comprar y vender[5]. Organizado tempranamente por ANCO MARCIO[6], según la acepción de ULPIANO[7] *est commercium est emendi vendendique inuicem ius*[8].

Y concluye con el nacimiento de la disciplina en la Edad Media como consecuencia del desarrollo de las actividades comerciales y como derecho principalmente consuetudinario para superar el formalismo romano y acelerar y asegurar la marcha de la economía recibiendo importantes influencias provenientes de esas diversas culturas comerciales de la antigüedad occidental primitiva[9].

A su vez para desarrollar del modo mas completo posible la problemática jurídica objeto de este estudio hemos creido que la complejidad de perspectivas que nos brinda la visión tridimensional propia de la teoría trialista del mundo jurídico nos presenta alternativas enriquecedoras por la misma concepción del derecho que posee, según la cual éste consta de hechos, normas y valores.

La teoría tridimensional debe su nombre a MIGUEL REALE y encuentra en la teoría trialista, expuesta principalmente por su fundador WERNER GOLDSCHMIDT y desarrollada por MIGUEL ANGEL CIURO CALDANI, su elaboración más destacada. Enriquece la idea del derecho, considerando al objeto jurídico desde tres despliegues y supera infradimensionalismos sociológicos (realismo escandinavo y norteamericano), normológicos (KELSEN) y dikelógicos (derecho natural), múltiples bidimensionalismos e inclusive a otras perspectivas tridimensionales, por lo cual la consideramos adecuada para reflejar la triple consideración del mundo juridico que, como despliegue cultural que es, abarca realidades fácticas, lógicas y axiológicas[10].

---

[5] El *commercium* era uno de los derechos que correspondían a los ciudadanos romanos para adquirir y transmitir la propiedad con arreglo al *ius civile* e incluso la *mancipatio*. Los otros derechos eran *el connubium, honorum, sufragi, testamenti factio* (activo y pasivo).

[6] El cuarto rey de Roma. Rómulo fundó la ciudad, Numa Pompilio organizó el culto y la moneda, Tulio Ostilio la milicia y Anco Marcio el comercio. Completaron la Monarquía de siete reyes estruscos hasta el 509 a.C., antes de la República, Tarquino, Servio Tulio y Tarquino el soberbio.

[7] ULPIANO nació presuntamente en Tiro (actualmente El Líbano) en 170 y murió en Roma en el año 228. Este jurisconsulto romano fue asesor de Papiniano (142-212) ("principe de los jurisconsultos romanos") y prefecto del pretorio bajo Severo Alejandro. Formaba parte junto con Papiniano, Paulo (murió hacia 235), Gayo (siglo II) y Modestino (murió a mediados del siglo III) del grupo de jurisconsultos cuyas opiniones con las de todos los citados por ellos se contenían en la «ley de Citas de Valentiniano III» y se imponían a los jueces romanos. Entre sus escritos destacan *Comentario del edicto, De fideicommissis y De apellationibus*, de los que sólo se conservan fragmentos.

[8] Digesto, Libro IX, Título V.

[9] Vid FONTANARROSA, Rodolfo; *Derecho Comercial Argentino (Parte General)*, Víctor Zavalía, Buenos Aires, 1956, páginas 18 a 30.

[10] La teoría trialista está desarrollada entre otros, en GOLDSCHMIDT, Werner; *Introducción filosófica al derecho*, Depalma, Buenos Aires, 1987, CIURO CALDANI, Miguel Angel; *Derecho y Política*, Depalma, Buenos Aires, 1976; *Estudios de Filosofía Jurídica y Filosofía Política*, Fundación para las Investigaciones

Así, hemos realizado previamente al tratamiento de cada época en particular, una descripción de la economia y la sociedad del momento histórico que se analiza, (realidad fáctica) para pasar luego al desarrollo de las figuras jurídicas positivas del comercio (dimensión normológica), concluyendo el final de cada capítulo con un análisis del complejo axiológico de la época objeto del estudio específico; por supuesto que esperando que la amabilidad del lector sepa disimular los errores y disculpar semejante atrevimiento.

Jurídicas, Rosario, 1982/4 y *La conjetura en el funcionamiento de las normas. Metodología Jurídica,* Fundación para las Investigaciones Jurídicas, Rosario, 2000; de cuyas obras hemos tomado el material para esta apretada síntesis de sus contenidos.

CAPITULO I
ANTECEDENTES DEL DERECHO MERCANTIL

I. Los derechos de la antigüedad

Si bien existen antecedentes remotos de ciertos institutos mercantiles en sistemas de derecho de la antigüedad oriental, particularmente en pueblos dedicados al comercio como Egipto, Fenicia e Israel; a los fines de este trabajo no han sido considerados analíticamente en virtud del carácter dudoso de ciertas fuentes de la materia mercantil, por lo general indirectas o contenidas en obras generales, tal vez por el carácter consuetudinario no escrito que revistieron durante siglos las normas destinadas al comercio en estos pueblos.

No obstante ello, muchos de esos elementos fueron recogidos e integrados por otros pueblos de la antigüedad que tienen antecedente directo con nuestro derecho occidental como son Babilonia, Grecia y Roma los que tratamos a continuación.

A. Babilonia

1. Marco general

Babilonia fue la más antigua y opulenta de las ciudades que nacieron en el territorio enmarcado por los ríos gemelos y conocido como Mesopotamia, región signada por el desenvolvimiento a través de la historia de los pueblos sumerio, asirio, caldeo y persa[11].

En la época en que se empieza a tener noticias de esta historia, hacia el año 3000 a.C., los sumerios establecieron una civilización basada en el intercambio comercial y entablaron relaciones con países tan lejanos

---

[11] CIURO CALDANI, Miguel Angel; *Perspectivas Jurídicas*, Fundación para las Investigaciones Jurídicas (FIJ), Rosario, 1985, página 106 y *Estudios ...*, cit., página 45.

como Siria y los del Asia Menor mediante un intenso comercio marítimo desde la desembocadura del Eufrates, itinerario mucho más accesible que la larga ruta a través de territorios selváticos e inhóspitos.

No obstante, esta vocación comercial y estar sometidos a formas de dominación teocrático-carismática brindaron especial atención a la legislación, alcanzando desde los tiempos sumerios un alto grado de desarrollo que luego recogió HAMMURABI, el monarca más célebre de las dinastías asirias[12].

2. El Código de Hammurabi

Una ley suya, compuesta, según el cálculo que ha prevalecido en general, de 282 artículos, datada en los últimos años de su reinado, (1730-1685 a.C.) constituye una compilación de preceptos, de leyes más antiguas y de normas de derecho consuetudinario, es conocida como Código de Hammurabi[13]

Este Código de Hammurabi contiene una larga sección destinada a dar normas a la vida económica del Imperio basada en la agricultura y secundada en gran medida por la ganadería (§ 42 y ss.)[14], en tanto el comercio está relegado a un segundo plano. No hay normas especiales para los comerciantes como tales, aunque existen preceptos para otros profesionales como los médicos y los maestros de obras (§ § 215 y ss., 228 y ss.) los sembradores, los pastores, los boyeros y los jornaleros (§§ 257, 261, 258, 273).

En lo relativo a los contratos de comercio, tampoco hay normas especiales ni documentos de los que pueda inferirse que existiesen. Sólo hay regulaciones para la venta de bebidas en tabernas (§ 108), una serie de disposiciones relativas al contrato de depósito, parte de las cuales se refieren al depósito en general (§§ 122 a 125), y parte, al depósito de granos en particular (§ § 120 y 121) aunque no puede considerarse a estas disposiciones como verdadero derecho mercantil. Lo mismo hay que decir de una regla sobre la responsabilidad del transportista (§ 112).

Por el contexto de los preceptos establecidos en los §§ 94 a 105

---

[12] Ibidem.

[13] Está grabada en un bloque de dorita, descubierto a finales de 1901, por una expedición científica francesa en el solar de la que fue ciudad elamita de Susa y que hoy se conserva en el Museo del Louvre en París. Una parte de la inscripción en la estela de piedra de Hammurabi aparece borrada. Como consecuencia de esta laguna, faltan alrededor de 35 artículos de los 282 que componían la ley. Si bien es dudoso que el material conservado baste para reconstruir la parte perdida existen hoy varias versiones que lo han completado. En este estudio hemos seguido CASTRO DASSEN, Horacio y GONZÁLEZ SÁNCHEZ, Carlos; *Código de Hamurabi*, Cooperadora de Derecho y Ciencias Sociales, Buenos Aires, 1966.

[14] Entre paréntesis figura el número de los parágrafos a que hacemos referencia. También se los suele llamar artículos o leyes.

podría decirse que existía la idea de lo mas tarde evolucionará hacia ciertos atisbos de sociedad en comandita[15]. Si bien las figuras designadas con el nombre de *samallu* y *damgar* se confunden con el mandatario o comisionista y en cuanto se considere al *damgar* como comerciante, con su empleado o dependiente al estilo de un viajante, o su agente autónomo, podría decirse que al tener lugar un reparto del beneficio entre el *damgar* y el *samallu* existiría en este caso una relación de sociedad comandita. Aunque las normas del Código no hablan directamente de la participación del *samallu* en las ganancias, algunos artículos parecen indicar que la misma existiría, ya que se establece que sea el capitalista quien corra con el riesgo de la eventual pérdida de la cosa (§ 103); y el del fracaso de la operación, por el contrario, lo sufre el agente. El deber que incumbe a éste de rendir cuentas, también esta fijado en el Código (§§100, 104)[16].

De esta suerte podría considerarse el antecedente de la *commenda* medieval, emparentada posteriormente con la comandita moderna, según veremos luego. Esta idea se encuentra reforzada por otros documentos, en los que se describe una relación jurídica —y más especialmente, sobre la liquidación y reparto de los beneficios —entre dos personas, de quienes expresamente se dice que han realizado un contrato de sociedad; la liquidación se hacía a menudo, según se deduce de ese material, ante jueces partidores, en el templo de Samas[17].

El Código de Hammurabi contiene, aparte de esto, algunas disposiciones referidas a la navegación interior, que era instrumento de actividad mercantil. Se establecen tasas para el arrendamiento de barcos y el salario del marinero (§§ 275-277 y 239), se fija la respon-sabilidad del dueño de la nave y del barquero en caso de pérdida, a ellos imputable, de barco y carga, y se regula el abordaje (§ 240)[18].

Basados en otros documentos asirios hay quienes opinan que la letra de cambio existió desde los tiempos más remotos reuniendo algunos de sus caracteres esenciales actuales[19].

---

[15] *Commenda* significa confianza o custodia y viene del verbo *commendare* que significa poner algo en custodia. Las palabras comando, comandante, comendador y encomienda tienen esa misma raíz etimológica.

[16] REHME, Paul; *Historia universal del Derecho mercantil*, Editorial Revista de Derecho Privado, Madrid 1941, página 44.

[17] Idem, página 46.

[18] Idem, página 47.

[19] En comprobación de este aserto MALAGARRIGA, citando a autores franceses alega el texto de diversas inscripciones asirias, una de las cuales dice: "Cuatro minas, quince ciclos de plata. Crédito de Ardunama sobre Mardu-Kabalasur, hijo de Mardu-Kabalatirib pagará, en el mes de Tebet, cuatro minas, quince ciclos, a Belabalidin. Ur, 14 Aracsama, año 2° de Nabonide, rey de Babilonia". Cfr. MALAGARRIGA, Carlos; *Tratado elemental de Derecho Comercial*, Tomo II, Segunda Parte, TEA, Buenos Aires, 1951, página 498.

B. Grecia

1. Marco general

Los griegos formaron un pueblo con amplias proyecciones marítimas y comerciales junto a su otra actividad principal básica que era la agricultura. Aunque no hubo entre ellos un importante desarrollo industrial, se promovieron las industrias en el periodo del helenismo, desarrollándose entonces un gran despliegue financiero[20].

Si bien tuvieron una amplia proyección comercial y pese a que sus manifestaciones más trascendentes estuvieron caracterizadas por el apego a la libertad y por el espíritu individualista, se ha señalado que su derecho fue sobre todo derecho público. En Grecia llegó a desenvolverse el estado y la vida política antes que, como en Roma, el derecho privado[21] aunque a semejanza de ésta tampoco hubo en Grecia un derecho mercantil propiamente dicho.

2. Marco comercial específico

La economía dineraria hizo su aparición en Grecia, sustituyendo a la natural, en el siglo VII a.C., atribuyéndose a los metales preciosos importancia como medida de valor en reemplazo del cobre y del hierro. A partir de ese momento alcanza el gran comercio su florecimiento y, junto a la nobleza y a los campesinos, surgen ahora nuevas clases industriosas, entre ellas la de los comerciantes.

Las leyes de ZALEUCO, consideradas como uno de los textos jurídicos más antiguos de Grecia, a principios del siglo VII a.C., se oponían al comercio, prohibiéndolo lisa y llanamente. DRACÓN, que promulgó leyes hacia el año 624 a.C., trató de tener en cuenta estas nuevas corrientes y adaptarse a ellas. Finalmente, SOLÓN, hacia 594 a.C., dejó libre el juego a la vida del tráfico permitiendo por ejemplo la libertad del tipo de interés, la libertad de asociación y reformando lo referente a la moneda, pesas y medidas. Esto promovió el progreso de Atenas como plaza comercial adquiriendo también un gran desenvolvimiento financiero[22].

Del período del helenismo, es decir la expansión de la cultura griega después de ALEJANDRO, recibimos los mayores conocimientos que tenemos en la actualidad sobre el derecho ático, en especial por los

---

[20] CIURO CALDANI, Miguel Angel; *op. cits.*, nota 1, páginas 113 y 52 respectivamente.
[21] Idem; *ops. cits.* nota 1, páginas 117 y 56 respectivamente.
[22] REHME, Paul; *op. cit*, página 51.

numerosos documentos que se han conservado.

En general los comerciantes no estuvieron muy considerados, no había cohesión profesional, ni derecho de jurisdicción ni autonomía normativa que les permitiera desarrollar un derecho específico. No obstante, el intercambio marítimo, el desarrollo de las construcciones navales, la metalurgia y las cerámicas fueron desplegado una creciente actividad mercantil en la que comienzan a desarrollarse ciertas relaciones, que, pese a la inexistencia de expresiones técnicas generales para su designación, contienen los gérmenes de instituciones que posteriormente se desarrollarán, por vía de costumbre, como basales del derecho comercial.

3. Nautikon dantion

Una de ellas es el *nautikon dantion* o préstamo marítimo a la gruesa, quizás de origen fenicio, que constituía un verdadero instrumento de especulación. Este contrato, cuyos primeros antecedentes datan del 916 a.C., consistía en el préstamo que se hacía al armador o capitán de un barco con el objeto de que pudiera llevar a cabo su empresa. El éxito de la misma reportaba al primero un elevado porcentaje de la eventual utilidad del negocio que rondaba entre el 21 y el 30 % del monto del préstamo en caso de que la operación se realice felizmente.

En este contrato algunos autores creen ver primigenios atisbos de la sociedad y también de seguro[23]. De ese punto de vista, el *nautikon dantion*, podría verse como una especie de sociedad en comandita de objeto destinado a la explotación del comercio marítimo ya que uno de los "socios" aportaba el capital y el otro efectuaba el transporte de las mercaderías. Llegado el caso de que el viaje se efectuara sin inconvenientes, este le devolvía a aquel su capital, y el interés que variaba, como vimos, según el riesgo de la empresa.

En caso de que el negocio fracasare, quien había aportado el dinero correría con las pérdidas, de tal modo, el prestamista se ligaba en cierta forma a la suerte de su prestatario desde que la pérdida del capital que había invertido e, inversamente, las ganancias, dependían del resultado de la aventura, repartiéndose los contratantes los riesgos y las ganancias de la empresa marítima[24].

También este préstamo marítimo conoció, según las diferentes épocas y colonias griegas, variantes bajo el nombre de *anfiteroploun* y el

---

[23] ZALDIVAR, Enrique, MANOVIL, Rafael, RAGAZZI, Guillermo; ROVIRA, Alfredo, SAN MILLÁN, Carlos; *Cuadernos de Derecho Societario*, tomo I, Ediciones Macchi, Buenos Aires, 1973, página 2.
[24] Ibídem.

heteroploun. En cuanto a la consideración que señalaramos como antecedente del seguro, se funda en que contiene, en algunas variantes, normas contractuales que prevén una distribución uniforme sobre el buque y sobre su carga, de los daños producidos con el fin de retirarlos a los peligros del mar, considerándose sin duda precedente de la avería gruesa que será regulada posteriormente en Roma[25].

El gran desarrollo y funcionamiento de este contrato constituyó probablemente el fundamento por el que la Isla de Rodas, en el curso del Siglo III a.C., descolló en el comercio del Mediterráneo[26].

En materia específica de seguros, a fin de compensar las pérdidas generadas por la fuga de esclavos, los propietarios de éstos celebraban contratos especiales con los banqueros, quienes, mediante una retribución periódica, se comprometían a indemnizarles en caso de fuga de un esclavo para poder reponer su situación patrimonial[27].

La banca, desarrollada en consonancia con el tráfico monetario y el despliegue financiero en la época del helenismo se encontraba bastante perfeccionada. En la época de los Ptolomeos la banca era monopolizada por el Estado, pero en la época romana existieron, junto a la estatal, casas de banca privadas. El *trapeziti* (por entonces banquero y cambista a la vez), llevaba un libro, que, sin ser un verdadero libro de comercio, por cuanto no consta su obligatoriedad ni su generalización, hacía las veces de memorialista en la redacción de los contratos con sus clientes. Era además corriente el cambio de moneda, el préstamo pignoraticio y el depósito tanto abierto como cerrado, la carta de crédito y la transferencia[28].

Algunos sostienen que operaciones análogas a aquellas para las que se utilizan los cheques, se realizaban en Atenas en el negocio de los *trapeziti* y también que consta la existencia de documentos semejantes a la letra de cambio[29].

---

[25] SUÁREZ BLÁZQUEZ, Guillermo; *Dirección y Administración de Empresas, II: Actividad aseguradora mutua de empresas terrestres y marítimas*, Universidad de Vigo, Vigo, 2002; considera que esto es un préstamo marítimo y no un seguro, cuestión que ha ido dejando clarísima antigua doctrina sobre la historia del seguro desde E. Beusa (1884) y C. F. Reatz (1870). En contra ZALDIVAR, Enrique, MANOVIL, Rafael, RAGAZZI, Guillermo; ROVIRA, Alfredo, SAN MILLÁN, Carlos; *Cuadernos de Derecho Societario*, Tomo I, Ediciones Macchi, Buenos Aires, 1973, página 2. Lo que no hay duda es que puede considerarse antecedente de los institutos romanos de la avería gruesa que fue regulada por la *Lex Rhodia de Iactu*, recogida en el Libro XIV, Título II del *Digesto* y del préstamo a riesgo marítimo conocido como *nauticum phoenus* y que bajo el nombre de *pecunia traiectitia* se encuentra en el Libro XXII, Título II del *Digesto*.

[26] REHME, Paul; *op. cit.*, página 52.

[27] Historia Universal del Seguro en http://www.chilena.cl/sitio/conozca/uni_ce.html

[28] Ibídem.

[29] MALAGARRIGA, Carlos, en *op. cit.*, página 498, cita para demostrar la existencia en Grecia de documentos semejantes a la letra de cambio, a ISÓCRATES, quien hablando de un joven del Ponto que fue a Atenas, se expresaba en estos términos: "Como deseo que vengan mis fondos del Ponto, decía a Stratocles que partía para este país, podía dejarme su dinero, que allí le reembolsaría mi padre. Creo recibir un gran beneficio con que mi dinero no navegue por un mar infestado por los piratas de

C. Roma

1. Marco general

Al entrar en la historia y durante la Monarquía el pueblo romano fue guerrero y agricultor y luego, durante la República y de modo especial en el Imperio, desarrolló su capacidad comercial, de manera particular en los aspectos financieros. Aunque tuvo proyección al mar nunca fue una potencia marítima al estilo de los griegos o fenicios[30].

El Derecho fue uno de los protagonistas principales de la cultura romana y éste es uno de los motivos que permitieron el amplio equilibrio evidenciado durante la época imperial. El derecho romano careció de las profundas raíces personales éticas y espirituales del derecho griego y bajo este clima jurídico mas abstracto se desenvolvió la distinción entre derecho público y privado y el particularismo de éste último que llegó a sacralizar la propiedad[31], no obstante, al igual que sus antecesores griegos tampoco tuvo un derecho mercantil específico en el sentido de una serie de normas coordinadas por principios comunes, aunque, desarrolló numerosas figuras vinculadas a la materia comercial.

El derecho en Roma atravesó diversas etapas. Según la clásica división de BONFANTE estas fases fueron tres: la del derecho quiritario[32], denominada por otros autores Arcaica, desde la fundación de Roma (753 a.C.) hasta el fin de la segunda guerra púnica (201 a.C.), comprendió la monarquía y los primeros siglos de la República. El derecho de gentes u honorario[33] o Época Clásica, que abarcó los últimos siglos de la República y los dos primeros siglos del Imperio (201 a.C.-236 d.C.) hasta la muerte de ALEJANDRO SEVERO cuando cesa el predominio de Roma y de Italia. La tercera fue el derecho romano-heleno o Época Postclásica, que comprendió los últimos dos siglos y medio del Imperio en Occidente, es decir, el período que se acostumbra llamar Bajo Imperio (230-476), durante el cual el derecho romano se convirtió en un derecho legislado, y la época de la monarquía Oriental donde el espíritu helénico, ágil y luminoso, pero menos práctico que el de los romanos, imprime un

---

Lacedemonia. Stratocles, dudoso por ignorar quién le satisfaría las letras si yo me ausentase de Atenas, no se atrevió a aceptar mi proposición; pero lo llevé al banquero Pasión, que le prometió reembolsarle, en su caso, capital y réditos".

[30] CIURO CALDANI, Miguel Angel; *op. cits.* nota 1, páginas 119 y 57 respectivamente.

[31] *"Publicum ius est, quod ad statum rei Romanae spectat, privatum, quod ad singulorum utilitatem; sunt enim quaedam publice utilia, quaedam privatim"*, ULPIANO, en *Digesto*, Libro I de las Institutas, 1, 10, pr., cit. en CIURO CALDANI, Miguel Angel, *op. cits.* páginas 121 y 60 respectivamente, nota 103.

[32] También llamado *ius civilis* por estar limitado a los *qurrites* o *cives* (ciudadanos)

[33] Si bien BONFANTE lo rotula como derecho de gentes, y muy posteriormente esta locución cambiaría de sentido, pasando a designar el derecho internacional, también se lo suele denominar período del derecho honorario o pretorio ya que los ediles contribuyeron a la formación del derecho honorario.

nuevo sello al sucesivo desarrollo del derecho imperial[34].

Las figuras cercanas al derecho mercantil que expondremos en puntos subsiguientes se desarrollaron en diversas épocas y a lo largo de toda la evolución del derecho romano y romano-justinianeo y son las que hemos recogido de las fuentes de conocimiento que nos han llegado.

Dentro de las fuentes jurídicas podemos mencionar en orden cronológico: la Ley de las XII Tablas (*Lex Duodecim Tabularum*) de mediados del siglo V a.C.[35], las *Institutas* de GAYO, el libro único de las reglas de ULPIANO (*Ulpiani Liber Singularum Regularum*), Los cinco libros de las Sentencias de PAULO (completada por su reproducción en la *Lex romana Visigothorum*), los fragmentos de PAPINIANO, los *Fragmaenta Vaticana*[36] y las amplias fuentes justinianeas, además de múltiples fuentes de conocimiento no jurídicas, algunas de ellas de notable valor como las históricas, literarias y filosóficas[37].

2. El Pretor

Singular importancia adquiere para la materia mercantil la figura del Pretor debido a que éste era el encargado de dictar justicia. Aparece en el año 367 a.C., como magistrado único, colega menor de los cónsules

---

[34] BONFANTE, Pietro, *Historia del derecho romano*, Tomo I, Editorial Revista de Derecho Privado, Madrid, 1944, páginas 5 y siguientes y CARAMÉS FERRO, José Manuel y LOUZAN DE SOLIMANO, Nelly Dora; *Derecho e historia en Roma*, Editorial Perrot, Buenos Aires, 1974, páginas 12 y siguientes.

[35] Un paso decisivo en la evolución del derecho romano se dio a mediados del siglo V entre los años 451 y 449 a.C con la obra legislativa de dos colegios sucesivos de diez magistrados encargados de legislar (*decenviri legibus scribundis consulari potestate*) la llamada Ley de las XII Tablas, considerada la primera lex escrita. El texto íntegro de la Ley decenviral no ha llegado hasta nosotros y sólo se la conoce fragmentariamente a través de citas y referencias de autores tardíos. Hasta donde fue reconstruida por medio de las citas realizadas en obras muy posteriores, surge su carácter más evidente: se trata de una serie de soluciones prácticas para casos concretos, seguramente los que provocaban divergencias de ínterpretacion, pero lejos de constituir un código en sentido moderno o sea la organización completa de una rama del derecho, supone la preexistencia y perduración de todo un sistema jurídico al que con frecuencia se remite. El contenido de las XII Tablas —redactadas en un estilo sintético y preciso— resulta pues, parcial y heterogéneo, se encuentran allí normas relativas al procedimiento en los litigios civiles (Tablas I, II y III), derecho de familia —patria potestad, herencia, divorcio— (IV y V), régimen de propiedad (VI y VII), derecho penal (VIII. IX y XI), reglamentación de los funerales (IX), principios generales, como la prohibición del matrimonio entre patricios y plebeyos y no muy congruentemente, la igualdad ante la ley (XII). Estas adaptaciones correrán por cuenta de los pontífices, que seguirán conservando el monopolio de la interpretación jurídica y de las fórmulas procesales ya existentes, hasta su publicación —juntamente con el calendario— por Cneo Flavio, quien las robó en el año 304 a. C. al pontífice Apio Claudio, del cual era liberto. Por esta razón a este derecho también se lo llama *ius flavianum*. El pontífice (poder de las llaves) era el sacerdote que tenía a su cargo el culto a Júpiter, además de lo que interpretaba las leyes, guardaba las fórmulas de las acciones de la ley (*leges actiones*) y señalaba los dias feriados.

[36] Así denominados por haber sido descubiertos en la Biblioteca Vaticana por el cardenal Ángel Mai en 1821. Contenía fragmentos de obras de Paulo, Ulpiano, Papiniano y de otros juristas tardíos, junto a ciertas constituciones imperiales, preferentemente de Diocleciano, distribuidos en títulos y que habría sido elaborado algo después del 318.

[37] CARAMÉS FERRO, José Manuel y LOUZAN DE SOLIMANO, Nelly Dora; *op. cit.*, páginas 35 y siguientes.

como pretor urbano. Con la expansión de Roma y la conquista de las Provincias los extranjeros traban relaciones jurídicas con los ciudadanos romanos y en el año 242 se crea la *praetura qui ínter cives et peregrinos jus dicit* (pretura que dice el derecho que conoce en los pleitos entre ciudadanos y extranjeros), o más sencillamente *el praetor peregrinus* que, al finalizar las conquistas, llegó a la cantidad de dieciocho.

Como solucionaban las controversias, aprovechaban todas las experiencias que en el pasado habían tenido todos los que los hablan precedido y por las suyas propias. El pretor como todo magistrado con "potestad" —sin perjuicio del imperium— tiene el *ius edicendi* o sea el derecho de publicar edictos. En un principio sus sentencias eran leídas, pero después se sustituyó la lectura por la exposición del escrito a fin de que el pueblo pudiera enterarse en cualquier momento de su contenido, dando nacimiento a ese nuevo sistema que fue el derecho honorario que por razones de utilidad pública introdujeron los pretores para completar, corregir o suplir el derecho civil[38].

No fue únicamente el pretor al publicar edictos el creador del derecho honorario, lo hacen también los demás magistrados que tienen *jurisdictio*, el censor, el edil curul, etc; pero el edicto principal a través del cual progresa el derecho civil es el edicto del pretor y es por eso que se habla del derecho honorario o pretoriano, cuando en realidad no son términos sinónimos. El derecho pretoriano sería el que procede del edicto del pretor, es decir lo particular, el derecho honorario sería la generalidad de todo ese derecho[39].

3. El derecho honorario

La influencia de la filosofía griega, en especial la estoica, introduce la noción del derecho natural, basado en la razón, que se supone patrimonio de todos los hombres, y en la equidad, o sea la adaptación de los principios de justicia a cada caso concreto. Comienza a comprenderse que *summum jus, summna injuria,* como dirá CICERÓN, la aplicación literal y deshumanizada de las normas jurídicas puede conducir a las peores injusticias. Las sentencias deben pronunciarse *ex aequo et bono* (según lo justo y lo bueno). En este ámbito, profundamente autoritario, pero sobre todo particularista se comprende, con especial claridad, la definición de

---

[38] *"lus honorarium is quod praetores introduxerent adiuvandi, vel corrigendi, vel supplendi iuris civiles gratia propter publicam utilitatem";* PAPINIANO en *Digesto*, Libro I de las Institutas, Título 1, 7, 1 cit. en CARAMÉS FERRO, José Manuel y LOUZAN DE SOLIMANO, Nelly Dora; *Derecho e historia en Roma*, Editorial Perrot, Buenos Aires, 1974, página 61 y ARIAS RAMOS, J.; *Derecho Romano*, Tomo I, Editorial Revista de Derecho Privado, Madrid, 1969, página 337.

[39] CARAMÉS FERRO, José Manuel y LOUZAN DE SOLIMANO, Nelly Dora; *op. cit.*, páginas 60 y 61.

justicia de ULPIANO como *"constans et paerpetua voluntas jus suum cuique tribuendi"* (la constante y perpetua voluntad de atribuír a cada uno lo suyo)[40].

El derecho honorario no impone formalidades coercitivas y procura dar soluciones prácticas que sirvan útilmente a la mayor agilidad de la vida económica. Con él surge el procedimiento formulario, que reemplaza progresivamente, incluso entre ciudadanos, al de las *leges actiones,* la validez de ambos procedimientos queda equiparada por la *lege Aebutia* (cerca del 150 a. C.) hasta que las *leges actiones,* en completo desuso, son suprimidas por Augusto según ley del 17 a C., fecha que marca la victoria definitiva del derecho honorario sobre el quiritario[41].

Las modificaciones profundas que magistrados y jurisconsultos imprimieron en el derecho romano se infiltraron en éste por diversas vías, de las que pueden citarse, a título de ejemplo, las ficciones y las excepciones. El antiguo derecho quiritario admitía muy escaso número de negocios jurídicos, entre ellos la venta solemne al contado. Sus formas externas se fueron utilizando ficticiamente para cubrir actos de otra naturaleza, como donaciones, ventas a plazos y hasta la emancipación de un hijo, que de acuerdo con la Tabla IV se liberaba de la patria potestad sí era vendido tres veces. En cuanto a las excepciones, tienden sobre todo a proteger al que ha celebrado un contrato formalmente perfecto, pero viciado por anomalías como la coerción o el engaño de que ha sido víctima. Las acciones del derecho civil no le ofrecían recurso alguno para eludir el cumplimiento, la fórmula pretoriana, en cambio, contiene la necesaria salvedad y debe ser condenado, excepto si medió, según el caso, violencia o dolo[42].

Creando estas y otras acciones y excepciones, admitiendo la validez de nuevas formas contractuales, desdibujando la diferenciación entre ciudadanos y peregrinos, la evolución histórica concurre a la integración de un derecho cada vez más rico, sutil e individualista siempre imbuído del espíritu práctico de los romanos. Abandonado a sí mismo, el derecho civil se habría fosilizado irremediablemente, a medida que el régimen gentilicio en cuyo ambiente había nacido entraba en decadencia ante los avances de la economía comercial. Privado de la protección de la *gens,* el individuo comerciante encuentra nuevo amparo en un sistema jurídico que reconoce a la voluntad libremente expresada como creadora de derechos y obligaciones, y que se ejerce en un sentido más humano, tratando de atemperar la arbitrariedad del poderoso sobre el débil.

---

[40] CIURO CALDANI, Miguel Angel; *op. cits.,* páginas 121 y 59 respectivamente

[41] MENA SEGARRA, Celiar Enrique; *La civilización romana,* Editorial Kapelusz, Buenos Aires, 1973, página 65.

42 Idem, página 66.

Desde los primeros tiempos del Imperio, zonas enteras del ámbito comercial, industrial y marítimo quedaron excluidas de la *extraordinaria cognitio*, quedando en consecuencia fuera de la jurisdicción del juez ordinario, y sometidas al *praefectus annonae*, al *praetor urbi* o a los ediles. Como en su mayoría las fuentes recibidas pertenecen al ámbito del *ius civile* y derecho honorario, parece también al menos indiciariamente que se conocieron, en sus rudimentos, el contrato de seguro, de mutuo, los títulos al portador y a la orden como veremos a continuación.

4. Marco comercial específico

Durante la monarquía la distribución de los productos de campo se hacía generalmente en el mercado, directamente de productor a consumidor, mientras que la de otros productos requería la intervención de mercaderes extranjeros, principalmente griegos de Sicilia y también fenicios. Es recién a partir del siglo IV a.C. cuando comienza, en conexión con muchas otras innovaciones, a predominar la economía dineraria que en la República alcanzó un alto grado de desenvolvimiento[43].

Luego, durante el Imperio, el estado municipal romano se convirtió en un estado universal; la iniciativa privada, que regía desde el derecho de las Doce Tablas, tuvo un gran auge en materia agrícola, comercial, industrial y marítima y por lógica consecuencia, el comercio se desarrolló poderosamente logrando su máximo florecimiento alcanzando a ser el comercio mundial del *orbis romanus*. El Mediterráneo se convierte en un lago interior, al que llaman con afecto y orgullo a la vez *mare nostrum*, que mantiene en contacto Oriente con Occidente[44].

En este período histórico en particular, comienzan a desarrollarse una serie de instituciones jurídicas tanto de derecho civil como de derecho honorario vinculadas al comercio, pero no así un derecho mercantil propiamente dicho en el sentido de un derecho especial como rama independiente del tronco del derecho privado.

Lo que ocurría era que el *ius civile*, no obstante su formalismo, no era abiertamente desfavorable a la actividad mercantil ya que, por ejemplo como una muestra del espíritu práctico de los romanos, permitía el contrato abstracto, el contrato innominado, etc. La actividad del Pretor entonces, adaptó sin mayores inconvenientes ese derecho a las necesidades del tráfico mercantil no sintiendo la necesidad de un derecho especial para el comercio ya que bastaba el derecho común

---

43 REHME, Paul; *op. cit.*, página 55.
44 Inclusive al decaer el Imperio, Roma, su capital continental, es abandonada en el siglo IV por otra ciudad que es también un puerto formidable sobre este mar como Constantinopla. Cfr. PIRENNE, Henrí; *Las ciudades medievales*, Ediciones 3, Buenos Aires, 1962, página 13.

imbuído del sentido de agilidad que le daba el pretor.

La *actio insistoria*, la *actio utilis*, la *actio exercitoria*, la *literatum obligatio*, tomadas del derecho general de las obligaciones y aún el *edicto edilicio*[45] y otras disposiciones de los ediles, fueron aplicados a la materia mercantil sin mayores inconvenientes. Con todo, especialmente en materia de bancos y comercio marítimos se desarrollaron instituciones particulares nacidas de ese comercio, aunque quedaron limitadas a él.

a. Bancos

Los banqueros, ahora distinguidos entre *argentarii* (banquero propiamente dicho) y *nummularii* (cambista nombrado por la autoridad pública pero autorizado a ejercer la actividad privadamente) llevaban sus libros en forma muy desarrollada, se dedicaban al cambio de moneda, al préstamo con interés, a operaciones de depósito y descuento, principalmente en conexión con ordenes de pago[46].

Hubo dos instituciones jurídicas específicas dictadas en este ámbito: el *receptum argentariis*, que parece haber desempeñado el papel de la actual aceptación de la letra de cambio y el contrato de cuenta corriente, pero únicamente como la acción del saldo. Se ha pretendido hallar también el origen de esta, basándose sobre todo en un pasaje de GAYO, en el que se alude a que los banqueros romanos, antes de que la compensación se generalizase estaban obligados en sus reclamaciones a hacer balance y a no exigir mas que el saldo de las operaciones reciprocas[47].

Sin duda la influencia de la costumbre griega –los primeros banqueros eran griegos emigrados- fue decisiva para estos usos y prácticas romanos.

b. Comercio marítimo

El derecho romano no suministra grandes reglas formales en la materia de navegación marítima, y su técnica no ha tenido gran influencia en la formación del derecho especificamente marítimo.

Lo mismo que aconteció en el comercio marítimo se trasladó al derecho ya que tanto el préstamo marítimo a la gruesa (*nauticum*

---

[45] Los edictos de los pretores urbano y peregrino, los ediles, los procónsules y los propretores, fueron coordinados y codificados cerca del año 130 por el jurisconsulto Salvio Juliano, bajo órdenes del emperador Adriano. Este denominado Edicto Pepetuo tenía validez para todo el territorio del Imperio y no podía ser modificado sino por decisión del príncipe.

[46] REHME, Paul; *op. cit.*, página 57.

[47] MALAGARRIGA, Carlos; *Derecho comercial argentino ...*, página 438.

phoenus) y la avería gruesa (*lex Rhodia de jactu*) fueron recepcionados de sus antecedentes griegos.

Otra vez en este ámbito se aplicaban el derecho general de las obligaciones adaptado a la materia mercantil. Ejemplo de ello es la actio exercitoria contra el exercitor navis –armador de un navío fluvial o marítimo-, el *receptum nautarum, cauponum stabulatiorum, la actio tributoria* y la ya señalada actio insistoria. Hubo también en este ámbito regulaciones dirigidas a los *venaliciarii* (tratantes de esclavos) y *horrearii* (dueños de almacenes de depósitos)[48].

Por otra parte, conocieron a través del *nauticum phoenus* una forma de préstamo, que servía para el comercio marítimo. En relación con él, al igual que acontecía con el *nautikon dantion* griego, se ha podido ver un esbozo de la idea del seguro y una especie de mutuo y no ya de sociedad por cuanto los romanos conocieron este último contrato, aunque no con los alcances actuales, según veremos *infra*.

i. La lex Rhodia de Iactu

En el Digesto figura un titulo célebre, el *De lege Rhodia de jactu* (Título XIV, Libro II), donde se encuentran descriptas las averías comunes y arrojar por la borda una parte del cargamento para evitar un peligro apremiante. Los romanos habían recogido una costumbre de los navegantes de la isla de Rodas, de donde viene el nombre de *Lex Rhodia*; pero es dudoso que hayan comprendido este uso marítimo, que no es una aplicación de las reglas de la locación, sino el origen de la avería común ya que el armador y los propietarios de las mercancías debían contribuir a la reparación de las averías sobrevenidas durante la expedición.

PAULO explicaba estos recursos por las acciones de la locacion: el daba la *actio locati* al *magíster navis*, contra los cargadores y la *actio conducti* a los cargadores contra el capitán. Es dudoso, para algunos autores que su explicación sea la correcta ya que ha querido hacer entrar estas costumbres marítimas en las reglas generales de los contratos romanos[49].

La naturaleza jurídica de la avería común o gruesa fue origen de varias teorías: la gestión de negocios, el enriquecimiento injusto, la equidad, la asociación de partícipes, las personas hermanadas por los mismos riesgos, la *locatio conductio operis faciendi*, la comunidad de

---

[48] REHME, Paul; *op. cit.*, página 58.
[49] RIPERT, Georges; *Compendio de Derecho Marítimo*, Tipográfica Editora Argentina, Buenos Aires, 1954, página 342.

peligros y riesgos, el consorcio de riesgos en una aventura marítima, la sociedad entre los interesados, o la que le atribuyó el carácter de institución independiente, especial y típica, aunque es incluída por la doctrina romanística en los apartados del contrato consensual de la *locatio conductio*[50].

Los elementos de este "seguro" marítimo eran los siguientes: el capital sujeto a riesgos del mar, las pérdidas y daños cuantiosos, la transferencia y división de riesgos, la protección colectiva, la seguridad y las prestaciones en la medida de cada necesidad individual. La naturaleza jurídica del consorcio de prestaciones mutuas tenía su fundamento en la unión temporal de empresarios y pasajeros, personas libres unidos por intereses comunes: la protección y salvaguardia de sus bienes de los peligros y riesgos del mar.[51]

En el supuesto de daños en la nave por culpa o negligencia del *magister navis* o del resto de la tripulación naviera, había que distinguir distintas responsabilidades: la del naviero respecto a su personal, los daños en la custodia de la estiba perseguibles con la *actio recepticia*, las entregas indebidas protegidas por la *actio oneris aversi*, que evitaba el enriquecimiento injusto, y los daños por actos ilícitos civiles de carácter penal.

En los supuestos de "daños voluntarios" causados en la nave, el principio que se aplicaba era que el daño sufrido por la nave debía ser resarcido proporcionalmente. En la medida en que el *magister* era el presidente del consorcio de empresas y miembros cooperativos, ULPIANO le atribuía la máxima responsabilidad de la custodia de la nave y de la mercancía, y podía ejercer las *actiones locati conducti* si deseaba ejercer el derecho de protección de la carga en sede judicial. En el proceso judicial de cálculo y liquidación de contribución podían ejercitarse las siguientes acciones: la *actio in factum*, la *actio utilis communi dividundo* según la doctrina más antigua, o la *actio depositi*, las *actiones locati conducti* y la *actio praescripti verbis* según los romanistas[52].

ii. La pecunia traiectitia y el *nauticum phoenus*

Para facilitar las transacciones con comerciantes de distintos paises, se admitió la realizacion de una operación semejante al mutuo: la *pecunia traiectitia* o náutica, por la cual una persona daba en prestamo al armador

---

[50] SUÁREZ BLÁZQUEZ, Guillermo; *op. cit,* página 39 sostiene que "la actividad aseguradora mutua marítima se debería incluir en el contexto de las instituciones generales del Derecho Marítimo de Empresa Romano, es decir, en el ámbito de las empresas terrestres y marítimas."

[51] Idem, página 56.

[52] Opinión que no comparte Guillermo Suárez para estas últimas. Idem, páginas 96 a 110.

de un barco una suma de dinero para que éste las destinara al comercio maritimo y se las devolviera si la nave cumplía su viaje.

El riesgo de la pérdida del dinero o de las mercaderías corría por cuenta del mutuante desde el dia en que la nave iniciaba su travesia. Era entonces, un mutuo bajo la condición de que la nave llegara a destino, y si no llegaba, el prestatario o armador, nada debia, pero los intereses eran mas elevados que los comunes.

Aunque como contrato de préstamo sus características eran similares a las de la *nautikon dantion* de los griegos ya comentada, en estos casos el interés que tomaba el nombre de *nauticum phoenus* (Ley XLIX del Digesto) o *usurae maritima* oscilaba entre el 10 y el 30 %[53].

Posteriormente, los mismos fueron fijados por JUSTINIANO en el doce por ciento anual.

c. La personalidad jurídica

La noción de personalidad jurídica[54] se acomoda poco a los sistemas primitivos porque exige un esfuerzo considerable de abstracción que no está al alcance de culturas poco familiarizadas con las construcciones jurídicas, por ello la prolongada ausencia de esta noción en el derecho romano no es cosa que pueda extrañarnos[55].

En la Roma arcaica solo los individuos humanos eran sujetos del derecho, en tanto la idea de la personalidad jurídica aparece delineada por primera vez en los últimos años de la República y primeros del Imperio, cuando las ciudades vencidas por Roma ya sean *republicae* o *municipia* resultan, en virtud de la derrota, privadas de su soberanía y reducidas al *ius singulorum* o derecho de los particulares, para la gestión de los bienes que les quedaban. De ese modo si bien no se contemplaba la idea personificante en su completa extensión se admitió, por razones de utilidad procesal y patrimonial en una suerte de unidad, la existencia de un ente colectivo que actuaba en el derecho a la par de los ciudadanos

---

[53] ZALDIVAR, Enrique, MANOVIL, Rafael, RAGAZZI, Guillermo; ROVIRA, Alfredo, SAN MILLÁN, Carlos; *op. cit.*, página 5.

[54] Debido a la paridad conceptual existente entre los términos persona jurídica, ficticia, ideal, moral o sujeto de derechos, aquietadas las aguas que agitaron viejas disputas que procuraban diferenciar tales vocablos, los utilizaremos indistintamente ya que actualmente se encuentran identificados. No obstante ello es de nuestra preferencia el concepto de persona jurídica debido a la mayor aceptación doctrinaria del término.

[55] Inclusive, en nuestro país este reconocimiento unánime llegó tardíamente discutiéndose hasta entrado el siglo XX. La Corte Suprema lo reconoció jurisprudencialmente en algunos fallos en 1865, 1869 y 1875. Hasta VELEZ SARSFIELD las clasificó en el Código Civil como entidades carentes de personalidad o de personalidad discutida (puede verse BUSSO, Eduardo; *Código Civil anotado*, Tomo I, Ediar, Buenos Aires, 1958, página 291, parágrafo 4) y la doctrina distó de ser pacífica por esas décadas. Puede verse HALPERÍN, Isaac; "La personalidad jurídica de las sociedades civiles y comerciales", *Revista jurídica argentina La Ley*, Tomo 2, página 1011a 1021.

utilizando las formas propias del comercio jurídico y compareciendo ante los jueces de acuerdo con las reglas de procedimiento civil o penal según el caso[56].

No es sino tardíamente que se admitió la figura de la representación que supone la existencia de un acto realizado por una persona, pero cuyos efectos debe sufrir otra y mucho mas tardaron los romanos en admitir la noción de las personas jurídicas, seres inmateriales que no obran visiblemente por si mismos, sino que tienen la necesidad de la intervención de individuos que realicen por ellas los actos jurídicos.

Lo cierto es que el derecho romano no admitía la existencia de voluntades colectivas reales proclamando en muchas ocasiones la incapacidad de querer atribuida a un conjunto de individuos considerados *ut universi*[57], en la máxima *universi consentire non possunt*[58].

Sin embargo y con un fin de utilidad práctica y para facilitar la vida jurídica de ciertas agrupaciones de personas fue principalmente como se abrió paso la noción de personalidad. Primeramente con relación a las ciudades vencidas, posteriormente para agrupaciones encargadas de un servicio público y luego para las *societas publicanorum o vectigalium* que, como veremos *infra*, puede considerarse que desempeñaban alguna función en el servicio financiero del Estado[59], a quienes se les asignaba excepcionalmente para los fines apuntados, cierta personalidad diferenciada consagrada en el axioma *si quid universitati debetur, singulis non debetur: nec quod debet universitas singuli debent*[60].

Pero esta personalidad conserva siempre la marca de su origen utilitario y artificial, "una simplificación analítica de las condiciones

---

[56] LLAMBÍAS, Jorge Joaquín; *Tratado de Derecho Civil*, Parte General, Tomo II, Editorial Perrot, Buenos Aires, 1980, página 9.

[57] Con excepción hecha del *populus romanus*, el conjunto de ciudadanos romanos que se confundía con el estado romano concebido como la existencia de una voluntad colectiva aunque no gozó de la personalidad conocida hoy. La ley y también el derecho consuetudinario aparecieron en Roma como la voluntad del pueblo, de los ciudadanos romanos. PAPINIANO definió la ley *"communis reipublicae sponsio"* Institutas 1, Digesto 1, 3; 1, 40 *"jus consensus facit"*; 1, 32 *"cum leges nulla alia ex causa nos teneat quam quod judicio populi receptae sunt"*, 1, 35 *"consuetudo tacita civium conventio"*; 1, 32, parágrafo 1, Digesto 1, 2 *Suffragio populus voluntatem suam declarat*. La ley exigía para su elaboración el empleo de formalidades especiales fijadas de antemano y la colaboración conforme a un procedimiento determinado, del pueblo con los magistrados, es decir, algo distinto de la expresión totalizada de los ciudadanos. Esta distinción se encuentra muy clara en ARISTÓTELES (*Política*, Libro IV, Capítulo 4) y CICERÓN (*La República* 1. 25, 39). La ley, voluntad del pueblo romano, presenta así la razón de ser y la base de la personalidad de que éste iba a ser revestido y, a imitación suya, otras agrupaciones *ad exemplum rei publicae* (Ley I, parágrafo 1, *Digesto* 3, 4).

[58] Ley I, parágrafo 22, *Digesto* 41,2; Ley I, parágrafo 2, *Digesto* 38,3.

[59] MOMMSEN, Theodor; *De collegiis et sodaliciis Romanor*, 1843, página 118, citado por MESTRE, Aquiles; *Las personas morales y su responsabilidad penal*, Góngora, Madrid, 1930, página 55.

[60] Ley 7, parágrafo 1, *Digesto* 3, 4.

legales, un mecanismo que sirve de vehículo a las relaciones de la comunidad con el exterior, una máscara"[61].

La agrupación no constituye una persona, sino "desempeña el papel de una persona" (*personae vice funguntur*), la personalidad jurídica entonces en Roma no representaba un elemento real de la vida jurídica ya que no hubiera podido conferirse entonces a aglomeraciones de objetos inanimados o al conjunto de bienes de una sucesión vacante, asimilando al ciudadano romano vivo, el municipio y la herencia vacante a quienes los textos legales le reconocen personalidad (*hereditas vicem personae sustinet, sicut municipium, decuria, societas*)[62].

Además la palabra *universitas* con la que en la Edad Media se designaba a las personas jurídicas de toda clase no implica necesariamente que en el derecho romano se trate de una agrupación con personalidad diferenciada[63], inclusive el hecho de que los jurisconsultos romanos designaran a la persona jurídica por el nombre de sus miembros muestra que para ellos la agrupación no es mas que la suma de los individuos que la componen, ficticiamente unificados con fines prácticos de reconocimiento de ciertos derechos subjetivos a determinados conjuntos de personas, distinguiendo así entre los derechos y obligaciones de la *universitas* y los de los *singuli* (sus miembros) mediante una fórmula que decía *quod universitatis est, non est singulorum*[64].

Este axioma no expresaba sino lo que había caracterizado a la construcción romana que era la idea de una unidad ficticia superponiéndose de algún modo al conjunto de los individuos que la componen[65]. Gracias a esta ficción a la que recurrieron los pretores[66] se pudo explicar cómodamente la existencia de derechos pertenecientes a la agrupación distintos de aquellos de que gozaban los miembros de la *universitas*.

---

[61] IHERING, Rudolf von; *El espíritu del derecho romano*, Vol. IV, Casa editorial Bailly-Baillière, Madrid, 1931, páginas 214 y siguientes.

[62] Ley 22, *Digesto* 46, 1; cit. en MESTRE, Aquiles, *op. cit.*, página 56.

[63] Ley 1, *Codex* 1, 9; cit. en *idem*, página 56, nota 3.

[64] Ley 6, parágrafo 1, Digesto 1, 8 y como *quod est universitate no est singulorum* en MOLINA SANDOVAL, Carlos; "Apostillas sobre la personalidad jurídica societaria en el derecho argentino", en *Revista Mercatoria*, Volúmen 3, Numero 1 (2004), página 3.

[65] GIERKE afirma que los jurisconsultos romanos no establecieron una teoría en el sentido moderno, sino que se limitaron a formular algunos principios que pretendían expresar las funciones mecánicas de las corporaciones. *Vid.* GIERKE, Otto von; *Das deutsche Genossenschaftrecht*, Tomo III: Die Staats und Korporationslehre des Altertums und des Mittelalters und ihre Aufnahme in Deutschland, Berlín, 1881, página 203.

[66] Como mostramos anteriormente (páginas 16 a 18) las modificaciones que los pretores imprimieron en el derecho romano se infiltraron en éste por diversas vías, de las que ya vimos las excepciones y la admisión de nuevas formas contractuales y podemos citar ahora a las ficciones.

d. Las sociedades

Es frecuente encontrar entonces, que muchos autores creen hallar en la *societas* romana los antecedentes de las actuales sociedades comerciales. Aunque podemos citar entre dichos antecedentes a las *commendas*, las *societas publicanorum*, y la habilitación de ganados no puede decirse lo mismo de las demás figuras.

Las formas asociativas que existieron en Roma eran tomadas como contratos, donde no existía un patrimonio diferenciado al de cada uno de los contratantes confundiéndose ambos, siendo los componentes -propietarios de los bienes que aportaban- quienes respondían por las obligaciones que contraía la sociedad. El capital afectado no constituía una garantía para los acreedores ni creaban, por medio de ese contrato, un sujeto de derecho distinto a los integrantes, por lo que no gozaban de personalidad jurídica sino excepcionalmente por las razones de utilidad procesal y patrimonial apuntadas. Eran sociedades estrictamente personalistas, la muerte de alguno de sus integrantes determinaba necesariamente la disolución del negocio. Los beneficios y las pérdidas eran estipulados; no existiendo, en principio, la responsabilidad solidaria, ya que cada socio respondía integralmente por su parte.

Estas son algunas de las causales por las cuales podemos afirmar, no obstante, el criterio en contrario sustentado por distintos autores, que no puede considerarse a las sociedades romanas como antecedentes directos de la sociedad tal como actualmente se la concibe.

i. Commenda

Bajo los contratos de *commenda*, el capitalista, generalmente un patricio, sacerdote o funcionario permanecía oculto, en tanto otro desarrollaba la actividad que el primero financiaba. Pese a que los textos no la nombran en forma clara una variante fue la *commenda* bancaria o sociedad de *argentarii* que se dedicaba a realizar préstamos cobrando intereses y que realizaba su actividad uniéndose de esa forma[67].

Las participaciones en este contrato de *commenda* estaban divididas en partes negociables separadamente –aunque no del tipo de las que hoy conocemos-. La sociedad quedaba disuelta por voluntad común de sus integrantes, o bien por la decisión de uno de ellos, extinción del negocio, o muerte de algún componente. Producida la causal de disolución, cada parte tenía la *actio pro socio*, que consistía en una *bonae fidei*, integrada por

---

[67] No debe confundirse este contrato con la commanda medieval, considerada antecedente de la sociedad en comandita y no de la colectiva como la commenda romana, según veremos más adelante.

una rendición de cuentas, liquidación y reparto del saldo resultante de la compensación realizada entre ganancias y pérdidas[68].

No obstante, estas sociedades carecían de personalidad jurídica; los socios poseían una responsabilidad solidaria, por lo cual se considera también –con las salvedades antedichas- a la *commenda* un precedente de la sociedad colectiva[69] y a la habilitación de ganados y la *societas publicanorum* de la sociedad comandita[70].

ii. Societas publicanorum o vectigalium

Como señalamos en el comienzo, también aquí se tomaban los elementos del *ius civile* que contemplaba dos tipos de sociedades: la *societas omnium bonorum* y la *societas unius negotiationis*; que existieron en diferentes momentos de la historia de Roma, y respondieron a la satisfacción también de diferentes necesidades.

La *societas omnium bonorum* consistía básicamente en una sociedad familiar, donde, en principio, estaba vedada la entrada de terceros extraños a la familia a la cual pertenecía la sociedad. En ella, los socios aportaban en común la totalidad de sus patrimonios. Esta forma tenía su antecedente remoto en la comunidad hereditaria, surgida entre los *filii familias* con el advenimiento de la muerte del *pater* en la época arcaica, que recibía el nombre de *erctum non citum*[71].

En cambio, las *societas unius negotiationis* constituían agrupaciones que se unían para concentrar recursos con el objeto de llevar adelante transacciones de carácter internacional, y para una sola operación o un negocio específico, tales como la compraventa de esclavos, la recaudación de impuestos o la obra pública según veremos.

Una variedad de esta forma, fueron las sociedades de publicanos denominadas *societas publicanorum o vectigalium*, las cuales eran constituídas para funcionar como intermediarios en el cobro de impuestos entre el Estado y los contribuyentes[72], dedicarse a la recaudación impositiva[73] o atender ciertas empresas públicas, con puntos de contacto con la estructura actual de la comandita, por lo que, por su organización, para algunos autores son un antecedente preciso de

---

[68] DI PIETRO, Alfredo, LAPIEZA ELLI, Angel Enrique; *Manual de Derecho Romano*, Depalma, Buenos Aires, 1992.

[69] ZALDIVAR, Enrique, MANOVIL, Rafael, RAGAZZI, Guillermo; ROVIRA, Alfredo, SAN MILLÁN, Carlos; *op. cit.*, Tomo II, página 3.

[70] Idem, página 42.

[71] DI PIETRO, Alfredo, LAPIEZA ELLI, Angel Enrique; *op. cit.*, página 299

[72] CARAMÉS FERRO, José Manuel, *Curso de derecho romano*, Editorial Perrot, Buenos Aires, 1976, páginas 325 y siguientes.

[73] Los impuestos estaban a veces arrendados a los *publicanos* o arrendatarios.

dichas sociedades[74].

Al frente de estas sociedades se encontraban los asociados denominados *mancipes* que contrataban con el Estado y al lado de ellos otros socios, los *publicani*, que suministraban los capitales y no quedaban ligados sino por el importe de éstos[75].

Si bien su capital se dividía -característicamente- en partes negociables, el contrato quedaba como una relación interna y no existía el concepto de un nuevo sujeto de derecho ya que el patrimonio en el concepto romano era siempre un objeto jurídico y no un sujeto[76].

iii. La habilitación de ganados

Otra especie era la *societas unius rei*, en la cual se aportaban bienes singulares para la obtención de un beneficio en común para todos los socios, como la habilitación de ganados.

Esta operación comercial se llevaba a cabo mediante un contrato en el cual un ciudadano romano adquiría una cantidad de ganado cuya administración era encomendada a un colono, acordándose la división de la utilidad resultante.

Se distinguían en esta clase de contratos el regular del irregular, en ambos, los suministradores de fondos se denominaban *accomandanti* y el gestor, *institor* o *accommanditario*, pero en el regular los primeros se convertían en *condomini* de los bienes, que por lo tanto no pasaban en propiedad a la sociedad y eran responsables solidariamente –pero no ilimitadamente- por las obligaciones originadas por el negocio, o sea que el acreedor podía dirigirse directamente contra cualquier copartícipe exigiéndole el pago de su parte; en cuanto al *institor* era responsable ilimitadamente.

En el contrato irregular, los aportes pasaban en propiedad a la sociedad y los terceros no tenían acción contra los *accomandanti*, sino únicamente contra la sociedad y contra el *institor* que había contratado con ellos[77].

---

[74] ZALDIVAR, Enrique y FORTÍN, Jorge; *Sociedad en comandita por acciones*, El Ateneo, Buenos Aires, 1958, páginas 21 a 24; en tanto que para otros como Lyon Caen y Renault eran sociedades creadas con el fin determinado de recaudar impuestos. Vid LYON CAEN, Ch et RENAULT, L. *Traité de Droit Commercial*, Tomo II, París, 1926, página 448.

[75] Idem, página 22.

[76] ZALDIVAR, Enrique, MANOVIL, Rafael, RAGAZZI, Guillermo; ROVIRA, Alfredo, SAN MILLÁN, Carlos; *op. cit.*, página 3.

[77] ZALDIVAR, Enrique y FORTÍN, Jorge L.R.; *Sociedad en comandita por acciones*, El Ateneo, Buenos Aires, 1958, páginas 21 a 24.

e. Prenda y embargo

La *pignoris capio* era un medio de conseguir una prenda sobre una o más cosas individuales del deudor, con fines coactivos, como garantía para el cobro de la deuda.

Como medio de coacción sobre la voluntad del deudor para obligarlo a cumplir la *pignoris capio* autorizaba a ciertos acreedores enumerados taxativamente, a apoderarse de una cosa (*res*) del deudor, retenerla y hasta destruirla, pero no a venderla, no era una verdadera ejecución directa sobre el patrimonio del obligado, porque la aprehensión sólo tenía carácter prendario, despojada del derecho de venta[78].

Más tarde aparece una ejecución especial, denominada *pignus in causa iudicati captum*, que constituye el origen de nuestros actuales embargos. Este nuevo procedimiento consistía en la aprehensión de un bien del deudor (*pignus capere*) que el magistrado retenía por dos meses, a cuyo vencimiento, en caso de cumplimiento, se vendía y con el importe obtenido se satisfacía a los acreedores por su equivalente en dinero.

De esta forma, el acreedor que accionaba individualmente se satisfacía con el producido de la venta de uno o varios bienes del deudor objeto de la *pignus capere* considerados en su singularidad. El ejecutante que primero adquiría el *pignus* tenía prelación sobre los embargantes posteriores[79].

f. La quiebra (*missio in possessionem*)

Aunque no se conocía el instituto de la insolvencia ni la universalidad de la actual ejecución de la quiebra, son muchos los autores que afirman que esta figura en tanto ejecución colectiva tuvo origen en Roma[80], en oposición al procedimiento de ejecución individual, que favorecía al acreedor ejecutante. Lo cierto es que, en una

---

[78] GOMEZ LEO, Osvaldo; "Introducción al estudio del derecho concursal (antecedentes históricos y derecho comparado)" en *Revista del derecho comercial y las obligaciones (R.D.C.O.)*, Año 24, Volúmen 1991-B, página 145.

[79] Idem, página 150.

[80] MALAGARRIGA, Carlos; *Tratado elemental de Derecho Comercial*, Tomo IV, TEA, Buenos Aires, 1952, página 3; LYON CAEN, Ch. et RENAULT, L. *Traité* ...., Tomo VII, cit., n°. 3 y 4; C. Vivante, *Tratado de derecho mercantil*, Madrid, 1932, 1, 371; A. Brunetti, *Tratado de* quiebras, México, 1945, n°4; R. Provinciali, *Tratado de derecho de quiebra*, Barcelona, 1958, 93 y ss.; R.. L. Fernández, *Tratado teórico-práctlco de la quiebra, Fundamentos de la quiebra*, Buenos Aires, 1937, no'. 99 y ss.; M. Satanowsky, *Estudios de derecho comercial* Buenos Aires., 1950, II, 219; M. A. Bonfanti y J. A. Garrone, *Concursos y quiebras*, Buenos Aires., 1974, 14; II..; O. J. Maffía y M. O. B. de Maffía, *Legislación concursal. Introducción histórico-crítico*, Buenos Aires., 1979, 15; GOMEZ LEO, Osvaldo; "Introducción al estudio del derecho concursal (antecedentes históricos y derecho comparado)" en *Revista del derecho comercial y las obligaciones (R.D.C.O.)*, n° 142/144, página 142.

larga evolución de varias figuras los romanos, dejando atrás la ejecución individual sobre la persona[81], previeron ciertos procesos colectivos de ejecución.

El derecho honorario y más específicamente el pretoriano[82], organizó el procedimiento de la *missio in possessionem*, que partía de la incpacidad de pagar del deudor y se iniciaba con la toma de posesión del patrimonio del deudor en carácter *custodia y observatio* en interés de todos los acreedores[83]. Primeramente, los bienes eran vendidos en bloque y el comprador pagaba las deudas hasta la concurrencia del precio (*bonorum venditio*). Luego se admitió que el deudor de buena fe hiciera cesión de sus bienes, con lo que se libraba de la pérdida de los derechos (*bonorum cessio)* y finalmente apareció la venta en detalle (*bonorum distractio*)[84].

i. Bonorum venditio

La *missio in possessionem,* procedimiento que acarreaba al deudor la infamia[85], se desarrollaba según el Edicto cuando hubiera sentencia judicial, confesión, *latitatio*, ausencia o *indefensio* del deudor y luego que hubiera transcurrido determinado plazo, durante el cual se fijaban avisos

---

[81] En la Roma arcaica, la *lex XII Tabulorum* estableció con un cierto carácter penal el procedimiento primitivo de la *manus injectio*, ejecución que alcanzaba la persona misma del deudor, autorizando a los acreedores a repartirse su cuerpo en caso de pluralidad de deudas. Por otra parte, existía el régimen del *nexum*, de sometimiento del deudor al acreedor hasta cubrir el débito de éste. Según la *Tabula* I, todo deudor condenado por sentencia *(iudicatus)* o que en presencia de un magistrado hubiera confesado la deuda *(confessus)* tenía un plazo de treinta días para cumplir con su obligación. Vencido dicho plazo, el acreedor ejecutaba la *manus injectio* pronunciando una fórmula sacramental, y poniendo la mano sobre el deudor lo conducía delante del magistrado. Si no pagaba o si un *vindex* no se comprometía a pagar por él era adjudicado *(addictus)* al acreedor, quien podía retenerlo como prisionero durante sesenta días, quedando autorizado para ligarlo con argolla, correas o cadenas de un peso no mayor de quince libras, estando obligado a suministrarle alimentos, si el deudor prisionero no podía hacerlo. Vencido dicho término, era conducido a la plaza pública, donde se pregonaba el monto de la deuda con el propósito de que los parientes o amigos procedieran a su rescate. Si ello no ocurría, era entregado definitivamente al acreedor, con lo que sufría una *capitis diminutio* máxima, pudiendo ser muerto o vendido como esclavo en el extranjero *(trans Tiberium)*. Este procedimiento era netamente privado, pues la intervención del magistrado era mínima y, en la práctica, una gran cantidad de los sujetos del *nexum*, para evitar los rigores de la *manus injectio*, mediante el respectivo contrato, optaban por la *mancipacio*, constituyéndose en esclavitud como garantía de la deuda con prescindencia de toda intervención de la autoridad publica. Con posterioridad en el año 91 u 88 a.C. se dictó la *lex Poeteria-Papiria* (lleva el nombre del Cónsul C. Poetelius (91 a.C.) bajo cuya magistratura se dictó, aunque también se la conoce como *Lex Plautia Papiria* debido a que se atribuye su autoría material a Plautio) suprimió el derecho del acreedor de matar a su deudor, venderlo como esclavo o cargarlo con cadenas y prohibió toda acción privada contra el deudor sin intervención del magistrado, aboliendo el carácter penal de la *manus injectio*. Cfr. MALAGARRIGA, Carlos; *Tratado* ... Tomo IV, cit., página 3 y GOMEZ LEO, Osvaldo; op. cit., páginas 143 y siguientes.

[82] El origen de la *bororum venditio* se atribuye al pretor P. Rutilio Rufo, quien habría extendido a los particulares el procedimiento conocido como *bonorum sectio* y reservado hasta entonces para las ejecuciones fiscales.

[83] L. 3, parágrafo 23, Digesto, *de acquirir vel amit. poss.*, XLI, 2.

[84] MALAGARRIGA, Carlos; *Tratado* ..., Tomo IV, cit., página 4.

[85] L. 11, Codex, *ex quibus cuisis infam. irrog.*,.1II, 12; GAYO, *Institutas*, IV, 35 y 154, cit. en GOMEZ LEO, Osvaldo; op. cit., páginas 143 y siguientes.

llamando a los acreedores[86]. A partir de ello y por aplicación de las disposiciones que regían tal caso, el *magister* procedía a la venta en pública subasta de los bienes en bloque, atribuyendo al comprador *(bonorum emptor)* la calidad de sucesor a título universal del deudor, con lo cual se venía a hacer cargo del activo y pasivo, exactamente como ocurría con un heredero[87].

Lógicamente, el comprador pagaba una suma conforme al valor de los bienes, la cual en muchos casos resultaba insuficiente para pago total de las deudas, en cuyo supuesto los acreedores se debían conformar con un porcentaje, distribuido a prorrata; de donde resulta que esta institución de la *bonorum venditio* bien puede considerarse como un antecedente válido del proceso concursal[88].

ii. Bonorum cessio

La *Lex Iulia* (17 a.C.) admitió la *bonorum cessio*, es decir, la cesión voluntaria de los bienes por el deudor de buena fe[89], quien de ese modo podía eludir la ejecución personal y la infamia que acarreaba la *bonorum venditio*. Por este procedimiento, similar a la presentación en quiebra directa voluntaria actual, el deudor se declaraba impotente para cumplir sus obligaciones y ponía su patrimonio a disposición de los acreedores.

La propiedad de los bienes no pasaba a los acreedores, quienes adquirían sólo el derecho de venderlos, ingresando en posesión de ellos, como medida conservatoria. El deudor obtenía el beneficio de competencia[90] y el de no poder ser ejecutado por deudas contraídas con anterioridad a la cesión, sino en el caso de haber adquirido nuevos bienes y siempre reservándole lo necesario para el sostenimiento de él y de su familia[91].

---

[86] Estos avisos servían para citar al deudor en los casos de ausencia, mediante una ficción de muerte del mismo debido a que la presencia de las dos partes era necesaria tanto en el periodo de las *legis actiones* como en el *per formularium*. En este sistema el alejamiento del deudor debía tornar absolutamente imposible la continuación del juicio, porque contra un deudor que no se podía encontrar era ineficaz la *manus injectio*. Una vez mas el pretor suplió la laguna concediendo la *missio in bona* contra el deudor *"qui fraudationibus causa latitad"* Este procedimiento se extendió luego a toda clase de deudores como medio ejecutivo, dando nacimiento a la ejecución patrimonial primero con la *bonorum venditio*, y mas directamente después, con la *bonorum distractio*.

[87] GAYO, *Institutas*, IV, 35 cit. en GOMEZ LEO, Osvaldo; *op. cit.*, página 147.

[88] En rigor, según GOMEZ LEO no importaba todavía una ejecución sobre los bienes, sino la sustitución del deudor un tercero que cumplía por él, pero constituyó un gran paso hacia aquélla de la cual surgió posiblemente el procedimiento llamado "orden" o "distribución por contribución" de los derechos francés e italiano contemporáneos. Cfr. GOMEZ LEO, Osvaldo; *op. cit.*, página 148.

[89] L. 22, parágrafo 1; L. 25, *Digesto, quae* im fraudem *credit.*, XLII, 8; y L. 51, parágrafo 1, Digesto, *de re iud.*, XLII, 1.

[90] ULPIANO, Liber 59, *ad edictum*, frase 4 *de cessione bon.*, 42, 3; y Liber 64 *ad edictum*.

[91] GOMEZ LEO, Osvaldo; *op. cit.*, página 149.

iii. **Bonorum distractio**

La *bonorum distractio*, creada en su origen como procedimiento de excepción en favor de los deudores investidos de la dignidad senatorial, se generalizó para todas las clases de deudores, haciendo caer gradualmente en desuso a la *bonorum venditio* ya que se admitía que el cumplimiento de la obligación no sólo podía efectuarlo el deudor, espontáneamente o apremiado por la justicia, sino contra su voluntad, por medio de un equivalente como acontecía para las ejecuciones individuales con la *pignus capere*.

A diferencia de la *bonorum venditio*, en la cual la venta del patrimonio se efectuaba en bloque, haciéndose cargo el comprador *(bonorum emptor)* del activo y del pasivo, en la *boruorum distractio* los bienes eran vendidos en detalle y con su producido se pagaba a los acreedores a prorrata[92].

La *bonorum distractio* se acordaba únicamente cuando los bienes del deudor eran insuficientes para el pago de las deudas, y cuando el procedimiento de ejecución individual *(pignus in causa iudicati captum)*, podía crear desigualdades entre los acreedores[93].

A fin de asegurar la comparecencia de todos ellos, se establecía un plazo de dos años para los acreedores presentes *(de* la misma provincia) y de cuatro años para los ausentes (de otras provincias); y se designaba un *curador bonorum para la* administración de los bienes por el juez a propuesta de los acreedores[94].

La venta de los bienes se efectuaba por el curador en detalle, sin injerencia de la autoridad y sin necesidad de subasta pública con el control de los acreedores y con la obligación para el curador de declarar bajo juramento haber procedido honestamente; el producido de la venta se repartía a prorrata entre los acreedores respetando los privilegios[95].

g. El fideicomiso

El basamento del fideicomiso romano descansa sobre los principios morales de la buena fe y la confianza. En su raíz latina, *fideicomissum* proviene de *fides,* que significa fe, y de *comissus*, que significa comisión, encargo.

Esta figura nació entonces, primitivamente, con los atributos de una comisión en confianza y fue utilizada por el derecho romano, plasmada

---

[92] Idem, páginas 150 y 151.
[93] Ibídem.
[94] L. 5, Digesto, *De curatore bonis* dando, 42, 7; L. 22, pár. 10, Digesto, *manda*, 17.
[95] L. 8, in fine, *qui bonis*, Codex 7, 71 cit. en GOMEZ LEO, Osvaldo; op. cit., idem.

en los institutos: a) la *Fiducia cum creditore contracta*, y b) la *Fiducia cum amico contracta.*

La primera de ellas tenía por objeto garantizar al acreedor el pago de una deuda mediante la entrega en propiedad de una cosa, que sería restituída al hacerse efectivo el pago. La segunda, al contrario de la anterior, el acto de entrega se constituía en interés del fiduciante.

La *fiducia* daba al fiduciario la custodia o administración, pero frente a cualquier tercero ajeno a la relación, éste era el propietario del bien, permaneciendo oculta la convención que limitaba sus atribuciones.

En sus orígenes fue el recurso empleado por el testador para eludir las numerosas limitaciones e incapacidades que para heredar establecía el Derecho Romano, de manera tal que para lograr su propósito, el testador debía valerse de un medio indirecto, es decir, instituír heredero a una persona de su confianza, capaz para recibir una herencia o legado, para que éste a su vez, como heredero fiduciario y apelando a su buena fe y recta conciencia, una vez fallecido el testador, hiciera entrega de la herencia o legado a quien aquél le había indicado en vida habría de ser el beneficiario.

Se hizo necesario empero, ante los abusos de confianza arbitrar las medidas de protección imprescindibles para obligar al heredero fiduciario a restituír los bienes recibidos al verdadero destinatario de los mismo, disponiéndose en tal sentido en época del emperador Augusto, que los cónsules vigilaran el cumplimiento de los fideicomisos, creándose luego el cargo de *pretor fideicomisario*, invistiéndose a dicho funcionario de facultades para obligar al heredero aparente a dar cumplimiento a lo oportunamente dispuesto por el testador[96].

h. Marcas

Ya en la antigua Roma se conocían las marcas en las cosas como contraseña de procedencia o producción, gozando las mismas de cierta protección; sin embargo, no tuvieron un registro público organizado ni con mucho la importancia que adquirieron posteriormente entre los germanos, conforme veremos *infra*, al analizar la Edad Media.

i. El corretaje y el contrato de cambio.

En el Titulo XIV, Libro L del Digesto, ULPIANO define a los corredores como "los que intervienen en las compras y en las ventas, en

---

[96] CORREA LARGUIA, Luis: *Fideicomiso, características y aplicación práctica en los sistemas de ahorro y préstamo*, en Revista del Notariado 1982, página 70, Buenos Aires, 1982.

los comercios, en los contratos lícitos y que por costumbre están admitidos por causa de utilidad"[97].

Para sostener la existencia de la letra de cambio entre los romanos se cita diversos pasajes de las Epístolas familiares de CICERÓN[98]. Sin embargo, la mayoría de la doctrina rechaza la pretendida existencia de la letra de cambio en la antigüedad, por considerar necesaria para su aparición un conjunto de circunstancias y condiciones inexistentes entonces. Así, respecto de los romanos, se dice que mal se comprende que conocieran la letra de cambio, cuando de la lectura de la Ley 49 del Digesto, *de náuticum phoenus*, se deduce que los que prestaban dinero enviaban un esclavo suyo con el deudor para que recibiese la suma prestada en el puerto en el cual debían ser vendidas las mercaderías.

Lo cierto es que, si bien el contrato de cambio se reconoce que ha debido existir en todo tiempo, pero se niega por lo general a la letra existencia anterior a la Edad Media como veremos posteriormente[99].

5. Epílogo del Imperio occidental

A partir de los siglos II y III, Roma fue golpeada por graves y continuas crisis económicas y financieras que menguaron la actividad económica y comenzó una época en la que se fomentaron los intereses corporativos y se establecieron límites a la libertad del mercado con una fuerte intervención y control por parte del Estado

Este renacimiento de la intervención estatal en la economía que surgió en el Bajo Imperio especialmente en tiempos de DIOCLESIANO (245-313) se tradujo en la introducción de innovaciones tales como la exigibilidad de incluir la *expressa causa debendi, la querela de numeratae pecuniae* en las obligaciones, la *Lex Anastasiana* que disminuía el tipo legal de interés, la impugnación de la compra por *laesio enormis*, etc.

A la muerte de TEODOSIO (395) se divide el Imperio[100] y surge el Imperio en Bizancio que continuó el comercio europeo con Oriente hasta

---

[97] MALAGARRIGA, Carlos; *Tratado ...*, Tomo II, Segunda Parte, cit, página 117.

[98] Así, en una carta a Atico decíale: "Hacedme saber si el dinero que necesite mi hijo en Atenas podrá hacerse de él por cambio, o si debe llevarlo consigo." En otra epístola, refiriéndose a Tolomeo, cuenta que habiendo sido arrojado del trono de Egipto se dirigió a Roma y para recobrarlo ofreció varios dones al Senado y sobornó a muchos de sus individuos con dinero, parte que traía y parte que tomó en crédito de un mercader muy rico llamado Cayo Sabino.

[99] MALAGARRIGA, Carlos; *op. cit.*, página 498.

[100] El Imperio romano quedó, pues, repartido entre los dos hijos de Teodosio. El mayor, Arcadio, obtuvo el imperio de Oriente: la Grecia antigua con Tracia, el Asia Menor, Siria y Egipto. El menor, Honorio, obtuyo el imperio de Occidente: Italia, Africa, España, Galia, Britania. Relata HEGEL que inmediatamente después de la muerte de Teodosio, produjéronse disturbios y las provincias romanas fueron violentadas por las naciones extranjeras, hasta que forzaron la caída de la dignidad imperial poniendo fin al vano título del Emperador. HEGEL, Georg Wilhelm Friedrich; *Lecciones sobre la filosofía de la historia universal*, Alianza Editorial, Madrid, 1977, página 576.

el siglo XII, siguiendo en lo esencial el antiguo derecho romano, en el que se incrustaron elementos bizantinos. Codificado en las compilaciones de JUSTINIANO perdió el sentido de agilidad que le daba el pretor, "congelándose" relativamente y deteniendo su evolución pasando con esa rigidez a la Edad Media.

Cierto es que hubo intentos por continuar la formación del derecho como el llamado Código sirio-romano -475 o 479- (que ya vimos al tratar la *Lex Rhodia de Iactu*), el derecho seudo-ródico, (segunda mitad del siglo VIII o primera del IX), las Basílicas, y la Constitución Imperial del siglo VIII.

La *lex pseudo rhodia* compiló los usos y costumbres imperantes en la cuenca oriental del Mediterráneo. Se trata de un verdadero codigo que según algunos no es sino el Libro III de las Basílicas[101]. Esta ley tuvo gran influencia en las republicas marítimas italianas que se desarrollaron en la baja edad media[102].

Las *Basílicas* -879 a 886- constituyeron una compilación de leyes efectuada bajo los emperadores bizantinos[103]. Un libro de las *Basílicas*, el referido tercero, estaba dedicado exclusivamente al comercio marítimo, que llegó a ser de uso muy activo en Oriente, pero este libro se ha extraviado. Se lo conoce nada más que por una traducción latina del siglo XVI. Este derecho de las Basílicas se siguió por larguísimo tiempo en el Levante por los turcos y los griegos.

La Constitución Imperial del siglo VIII -que es una compilación de normas sacadas de las fuentes de Justiniano, regulaciones locales y derechos consuetudinarios de las comarcas orientales del Mediterráneo- tiene particular importancia en la materia de nuestro estudio por cuanto en ella, junto a la *commenda* que subsiste, encontramos por primera vez la *nauticum phoenus* que ya hemos visto como una mancomunidad rigurosamente organizada en beneficios y pérdidas de todos los interesados en una travesía dentro de la cual figuran expresamente los oficiales de la nave y los marineros, se repartían los peligros de la expedición entre todos los participantes aminorando así el riesgo de cada uno[104].

En el año 476 cayó el Imperio romano de occidente a mano de los

---

101 MONTIEL, Luis Beltrán; *Curso de Derecho de la Navegación*, Editorial Astrea, Buenos Aires, 1992, página 18.

102 BRUNETTI, Antonio, citado por MONTIEL, Luis Beltrán; *op. cit.*, página 18, nota 12.

103 La obra fue promulgada por León VI, el filósofo (866-911), hijo de Basilio I. El nombre de Basilicas puede obedecer a un homenaje al padre del emperador que habia tomado la iniciativa para esta reelaboración del derecho justinianeo o también a una derivación de la palabra *Basileus* o emperador en cuyo caso significaría "legislación imperial". Vid MARGADANT, Guillermo; *La segunda vida del derecho romano*, Miguel Angel Porrúa Editor, México, 1986, página 65.

104 REHME, Paul; *op. cit.*, página 61.

pueblos germanos que cien años antes por diversos medios se fueron afirmando en los territorios del imperio occidental europeo[105]. En su suelo aparecen ahora nuevos depositarios de la vida económica y por supuesto del derecho.

D. Visión axiológica de la antigüedad[106]

Aunque conoció una importante vocación por el valor justicia, sobre todo a través de la vida del derecho en Roma, el valor más representativo del mundo jurídico antiguo es el orden, que por su carácter relativo, resultó subvertido contra la justicia. Por carecer de suficiente proyección a la justicia la dinámica del Derecho antiguo dependía en gran medida del impulso de otros valores como la utilidad fácilmente verificable, de manera particular en Roma.

Allí principalmente el poder y el orden obraron con miras a la justicia y la utilidad, sobre todo en los aspectos del derecho privado que fue el gran campo del derecho romano. A pesar de la superficialidad del espíritu romano hubo un equilibrio axiológico importante que puede ejemplificarse con la *"pax romana"*, gigantesca expresión de orden integrada por el derecho, la lengua latina y el espectacular espíritu práctico de los romanos, quienes basaron un Imperio en el pago del tributo y el culto al Emperador.

El mismo desarrollo de la justicia iluminada por la utilidad puede verse en Babilonia, particularmente si tomamos como ejemplo del Código de Hammurabi. La utilidad en los pueblos mesopotámicos sin embargo se encuentra servida en materia comercial por la cooperación y el poder, no exento, en la época de ZOROASTRO, por ejemplo, de la santidad.

Grecia, sin embargo, desarrolló fundamentalmente los valores de belleza y verdad, a cuyo servicio estuvo también una amplia satisfacción de la utilidad. En este magnífico pueblo, existió una clara proyección a

---

[105] Si bien los jefes germánicos procuraban mantener nominalmente el Imperio de Occidente ya que muchos de ellos eran influyentes *magister militum*, (bajo tropas propias o subsidios anuales) o *procónsules* (como Clodoveo), las provincias imperiales se fueron separando una tras otra hasta que en 476 el jefe germánico en Italia, Odoacro, un sciro, rey de los hérulos (tribu originaria del mar de Azov), obligó al último emperador de Occidente, Rómulo "Augústulo" a retirarse. Este joven de 16 años, que por curiosa paradoja de la historia, llevaba el nombre del fundador de Roma, había sido elegido por el Senado -el 10 de octubre de 475- Emperador bajo la regencia de su padre Orestes, un panonio, romano barbarizado, secretario de Atila como una forma de apaciguar los reclamos intertribales de ciertos federados germánicos. Menos de un año después fue capturado en Rávena y relegado a una villa de Campania con una pensión y su padre asesinado. La ciudad eterna de Roma, que era aún, en la imaginación, señora del mundo, un conjunto de templos, palacios y arcos triunfales atesorando las imperecederas glorias del pasado, prenda de perpetuidad de todo el Imperio de Occidente, había caído el 8 de septiembre de 476.

[106] CIURO CALDANI, Miguel Angel; *Perspectivas ....*, páginas 108, 118, 125, 133 y 134.

la justicia de modo especial desde las perspecivas del bien común y del orden.

En general la justicia antigua, desarollada en estos tres pueblos, es predominantemente extraconsensual, menos en el área comercial que nos ocupa, donde se verifica cierta consensualidad con consideración de las personas.

Tiene carácter simétrico debido a la escasa capacidad de abstracción que informa este período histórico y su realización es eminentemente gubernamental, grandemente sectorial por los privilegios de los grupos dominantes y de singular aislamiento.

El Derecho antiguo se desenvolvió principalmente a través de repartidores antiautónomos con excepción de la autonomía reinante en el comercio y de la "infraautonomía" de la democracia ateniense.

Con frecuencia —de maneras especialmente notorias con los sacrificios humanos y en la esclavitud— desconoció la jerarquía del hombre como recipiendario, concibiendo a muchos de ellos más como medios que como fines. Los regímenes antiguos centraron sus esfuerzos en la protección del individuo contra los demás individuos, marginando las cuestiones del amparo contra el régimen, respecto del mismo individuo y frente a "lo demás"[107].

II. El derecho en la Alta Edad Media

A. Panorama general

La relación hombre-naturaleza en la Alta Edad Media se manifiesta en una forma muy singular. Escasos los brazos humanos, la crisis demográfica iniciada hace ya tiempo, es ruinosa: en Italia las incursiones y las guerras de los siglos V y VI, las epidemias ininterrumpidas desde mediados del siglo VI hasta finales del XI, entre las cuales es particularmente trágica la de la peste negra[108], las frecuentísimas

---

[107] Ibidem

[108] En el año 1347 Europa fue asolada por una terrible epidemia de peste principalmente "bubónica", y en menor medida en sus variantes pulmonar y septicémica. La peste bubónica se caracteriza por producir enormes bultos o bubones en cuello, axilas e ingles y hemorragias cutáneas de color negro azulado, por lo que también se la llamó "peste negra" o "muerte negra". Se trata de una enfermedad producida en ciertos tipos de ratas (como la gris o la negra) y que se transmite a través de sus pulgas. Si bien las epidemias no resultaban una novedad en Europa, este caso produjo una gran conmoción debido a la gran mortandad, la variedad de países por los que se propagó y las manifestaciones espectaculares de la enfermedad. Se cree que esta pandemia se originó en China, y luego los mongoles la propagaron por Asia Central y contagiaron a los genoveses en la colonia que poseían en Crimea. El Papa, según cuentan, habría ordenado que todas las personas cercanas a un pestoso cuando éste estornudaba le dijeran: "salud". De todos los que llevaron una crónica de estos sucesos se destaca el cirujano francés Guy de Chaulliac, quien inició la suya fechándola el 11 de enero de 1348, por lo que en notas posteriores nos referimos a este año como el de comienzo de la "peste".

carestías y las deportaciones de la población rústica más allá de los Alpes, entre otras cosas, crean un vacío que está, sin duda, en relación directa con el aumento de los terrenos incultivados y con el regreso a una modalidad dominante de agricultura extensiva[109].

Es altísimo el porcentaje de tierras no cultivadas en relación con la superficie, mientras otros hechos se potencian en relación con los no muchos terrenos cultivados: hay una decadencia general de la agricultura, disminución de la actividad ganadera con la cría de animales pequeños y de cuidados poco exigentes, como el cerdo, uso de una técnica agrícola absolutamente inadecuada basada sobre todo en herramientas de madera, azadas y horcos y bastante menos frecuentemente en arados primitivos, con un rendimiento bajísimo de los cultivos agrarios y sustitución del trigo por cereales menores como mijo, centeno, avena y cebada.

Es, en resumen, una economía agrícola que no se ha dudado en definir de rudimentaria y que, en buena parte, esta dominada por un elemento primordial de la naturaleza: el bosque[110]. El bosque altomedieval, extensísimo en la Europa centro—septentrional, pero también en las zonas mediterráneas, desarrolla una función importante: alberga una muchedumbre de hormigas humanas que vive en él y gracias a él, a la par que el campo cultivado, es fuente de vida, condición de existencia, remedio contra el hambre más aun que la cosecha incierta y, en todo caso, escasa de una parcela de cereales[111].

Pero el bosque por su misma estructura no puede sino condicionar, sobre todo si su superficie es particularmente extensa, la organización de aquella región de la que es una clara fuente proveedora de subsistencia: como refugio ideal del bandidismo, es origen de inseguridad y de desorden social, como un acumulo sólido de material vegetal, es un obstáculo natural y, frecuentemente, un obstáculo no mínimo para una rápida viabilidad y para un intercambio frecuente de relaciones humanas[112].

El ambiente altomedieval, por tanto, sobre todo del altomedievales precarolingio –llamado también protomedieval- (siglos V a VIII), es el marco de una sociedad que puede, con razón, ser calificada como primitiva: en el paisaje agrario domina el terreno incultivado, la agricultura rudimentaria y con resultados insatisfactorios ya sea por la cantidad o por la calidad de los productos, escasos los brazos

---

[109] Grossi, Paolo; *El orden jurídico medieval*, Marcial Pons, Madrid, 1996, página 86.

[110] Ver al respecto Dhont, Jan, *La alta edad media*, Siglo XXI editores, Madrid, 1974, páginas 91 a 94 y Grossi, Paolo, *op. cit.*, idem.

[111] Grossi, Paolo; *op. cit.*, página 87.

[112] Ibídem.

cultivadores, en decadencia los sembrados humanos y, por sí fuera poco, epidemias, guerras, invasiones y bandidismo para acentuar cierta forma de impotencia económica y social

En la soledad que le ocasionaba la ausencia de una sólida organización política y una eficaz protección, en la contemplación del desorden, el hombre altomedieval no pudo más que sentirse condicionado por las distribuciones de la naturaleza. Al lado del miedo a la peste, la carestía, la guerra, su única certeza consistió en la contemplación de las cosas. El Derecho, como es obvio, vuelve a sentir esta extraordinaria posición antropológica y el primitivismo genérico se convierte en un específico "primitivismo jurídico"[113], excepción hecha del *Corpus Iuris* que no fue un derecho elaborado sino la codificación de un derecho prexistente, y como toda codificación de un derecho legal, el *Codex Iustiniani* tuvo el carácter de una fijación oficial promovida por el poder público[114], basada en obras epigonales, como lo habían sido los códigos anteriores, y en el trabajo de los profesores de las escuelas de derecho de Oriente[115].

B. Personalidad de las leyes

Con la caída del Imperio romano se produce una ruptura económica en occidente y desaparece el comercio propio del *orbis romanus*. Aunque la estructura administrativa y aún jurídica subsistieron durante un prolongado tiempo en Italia y su apéndice en Retia, donde los germanos ostrogodos rendían vasallaje al emperador de Constantinopla de quien recibían poder revocable, no ocurrió lo mismo en Africa (reino germano de los vándalos), España (donde se consolidó mayormente el rey

---

[113] Ibídem.

[114] Para varios juristas esto es un fenómeno natural de la historia del derecho que se llama "fijación" y acontece cuando tras ciertas temporadas largas de derecho consuetudinario viene la necesidad de tener seguridad de cuál es el derecho vigente, por lo que se hace indispensable "fijar el derecho". Pero sucede que el sistema del Código planteó esta fijación para "siempre" quizá fruto de la estrategia extratemporal de reconquista de Justiniano y mas tarde, cuando Napoleón hizo lo propio con el *Code Civil*, del iusnaturalismo, que proponía una naturaleza universalizable y por tanto inmutable, porque el hombre (humanismo) va a seguir siendo siempre el mismo, según se decía entonces. Vid. GUZMÁN BRITO, Alejandro; "Puntos de orientación para el estudio histórico de la fijación y codificación del derecho en Iberoamérica", *Revista General de Legislación y Jurisprudencia*, Número 86, Madrid, 1983 y NARVÁEZ HERNÁNDEZ, José Ramón; "La Crisis de la Codificación y la Historia del Derecho", *Anuario Mexicano de Historia del Derecho*, Volúmen XV, Instituto de Investigaciones Jurídicas de la UNAM (IIJ-UNAM), México, 1999.

[115] HEGEL se refiere a ello con las siguientes palabras: "El Imperio de Oriente .... pueblo culto, que se halla en posesión de la ciencia griega y de la refinada cultura oriental. La legislación civil estaba perfecta entre estos pueblos, habianla hecho y completado los grandes jurisconsultos romanos de manera que la colección que reunió el emperador Justiniano provoca aún hoy la admiración del mundo". HEGEL, Georg Wilhelm Friedrich; *Lecciones sobre la filosofía de la historia universal*, Alianza Editorial, Madrid, 1977, páginas 576 y 577.

visigótico Eurico) y Galia donde se consolidó el reino germano de los francos sálicos que no obstante constituir una unidad territorial bastante considerable[116], no era una unidad en punto al derecho.

Suevos, vascos (raza no germánica) y el Reino visigodo en la península ibérica (antiguas Hispania y Lusitania) y sur de Francia, burgundios –el estado germánico mas débil y de mas corta vida-, francos y bretones (no germanos) en Francia (antigua Gallia), (Reino Franco) frisones, sajones, turingios, bávaros, alemannes y lombardos en Alemania (partes de la antigua Germania, y las provincias romanas de Vindelicia y parte de Noriscum) (Reino Franco), longobardos, ostrogodos en Italia y Dalmacia (antiguas Italia, Illiricum, Panonia, Retia y parte de Noriscum), vándalos en el norte de Africa, Córcega, Cerdeña y Sicilia (Provincias romanas de Mauritania, Numidia, Africa y Sicilia), sajones en Britannia, además de celtas (no germanos) en Irlanda (Hibernia), eslavos en Europa septentrional y oriental y el Imperio Romano de Bizancio en Dacia, Moesia, Tracia, Macedonia, y Acacia componen ahora el nuevo mapa en que se fragmentó el *orbis romanus* en Europa.

Esta fragmentación no significó que no hubiera una conciencia jurídica común asentada sobre el derecho anterior como se constata en las semejanzas que existen entre los diversos ordenamientos locales. Este sistema de fuentes fue un motivo mas de dispersión normativa y consecuentemente de la falta de autoridad general capaz de imponer un derecho único. Fue la época de la personalidad de las leyes.

En este derecho medieval se formó el sistema pluralístico de fuentes, caracterizado por frecuentes conflictos entre ellas que fueron resueltos adjudicando diversas jerarquías. El derecho común y los derechos particulares formaban diferentes subordenamientos normativos pero el derecho común, como derecho calificado sobre todo por principios generales y categorías abstractas capaces de comprender un numero indefinido de hechos de la experiencia, se muestra sin rival frente a los esquemas elementales, lagunosos y mas casuísticos de los derechos particulares de diversas regiones del Imperio. Lentamente, frente a los límites con que tropezaba el gobierno imperial se desarrolló un relativo juego de la ejemplaridad autoritaria entre señores feudales y en las relaciones gremiales como muestra el nacimiento del derecho comercial y la jurisprudencia, al igual que con el pretor del derecho romano, devino por antonomasia en la fuente del derecho común[117].

---

[116] Fuera de la España visigótica y las Islas Británicas abarcaba por entero el territorio que había pertenecido a Roma e inclusive varias comarcas germanas que no formaban parte del antiguo Imperio de Occidente.

[117] Vid CIURO CALDANI, Miguel Angel, *Estudios ...*, páginas 98, 100 y 101.

La historia del derecho, aún del llamado romano, no terminó en Roma. En el Occidente germano-romano siguió aplicándose como ley personal para los habitantes de Italia, Galia e Hispania, mientras los invasores seguían rigiéndose por su propio derecho germano, que naturalmente sufrió la influencia de aquel sistema, mucho más evolucionado.

Si bien el *ius civile* designada de nombre al derecho vigente en el Imperio, la unidad jurídica era solo aparente ya que en realidad el derecho ya variaba de provincia en provincia y en relación con Roma, no en vano el Edicto de Caracalla había servido mas que para provincializar el derecho romano para una romanización de los derechos provinciales. Solo cuando se dictó en Bizancio el *Codex Iustiniani* para afirmar la unidad del Imperio partido, que intentaba recuperarse y sostener su despliegue comercial, entre el 527 y 531 JUSTINIANO hizo elaborar el *Corpus Iuris*[118].

C. El Corpus Iuris

Flavius Petrus Sabbatius JUSTINIANUS (483-565), emperador bizantino, deseoso de restaurar el Imperio a la muerte del ostrogodo Teodorico el Grande, bajo un solo emperador, una iglesia y un derecho[119], cuenta entre sus empresas la de realizar una recopilación total del derecho romano. Producto extratemporal de esa estrategia resulta el *Corpus Iuris*[120]. Para ello dicta la constitución *De novo codice componendo* nombrando una comisión encargada de reunir las constituciones contenidas en los códigos Gregorianos, Hermogeniano, Teodosiano, novelas post Teodosianas y leyes posteriores a éste. A quienes tuvieron encargada esta tarea se les dio facultad para adicionar, sustituir o suprimir los textos o partes de estos debido a la gran cantidad de preceptos legales coleccionados pertenececientes a diferentes épocas, para que tuvieran una mejor adaptación a las costumbres y leyes de aquella época, o sea al derecho vigente, relacionándolos unos con otros, mediante ligeras o profundas modificaciones en los textos originales

---

118 CIURO CALDANI, Miguel Angel; "Bases culturales del derecho argentino" en *Boletín del Centro de Investigaciones de Filosofía Jurídica y Filosofía Social*, número 27, año 2003 página 116, Fundación para las Investigaciones Jurídicas (FIJ), Rosario, 2003.

119 CIURO CALDANI, Miguel Angel; *op. cits.* nota 1, páginas 124 y 63 respectivamente

120 Es necesario tener presente que Justiniano I gobernó en Constantinopla, capital del antiguo Imperio Oriental donde predominaba la cultura griega. El imperio romano y su derecho sobrevivieron en el Este, en la parte oriental del Imperio. Ese "derecho romano"-justinianeo no tenía validez en Europa occidental, particularmente en el tiempo de su "redescubrimiento" a fines del siglo XI, cuando en una biblioteca italiana surgió a la luz un manuscrito con la compilación realizada cinco siglos atrás. Vid MAGALLÓN IBARRA, Jorge Mario; *El renacimiento medieval de la jurisprudencia romana*, Universidad Nacional Autónoma de México, México, 2002.

(interpolationes). Este trabajo se trasforma en el *Codex* que contiene la colección seleccionada de leyes y rescriptos imperiales de los Emperadores romanos desde Trajano, fue promulgado por la constitución *Suma rei publica* el 7 de abril de 529, y entró en vigor ocho días después, a la medianoche del 15, quedando prohibido desde entonces recurrir a anteriores colecciones de *leges*[121].

Este *Codex* se compone de 12 libros en total[122], además de las decisiones posteriores de JUSTINIANO, llamadas *quinquaginta decisiones*. Luego de esto se emprende la tarea de recopilar y ordenar sistemáticamente la colección antológica de los extractos de obras de los juristas (*iurisprudentia*) clásicos, comisión de 16 juristas encabezada por TRIBONIANO[123], esta fue ordenada por materia, en 50 libros, estos agruparían fragmentos de obras auténticas pertenecientes a jurisconsultos que hubiesen gozado de *ius publice respondendi*, aunque estos, no estuviesen incluidos en la ley de Citas[124]. En diciembre del 534, completa su labor la comisión, y se promulga la obra llamada *Digesto* (distribución, orden o colocación -*digerere in partes*-) o en lengua griega, *Pandectas*[125], (recopilación completa que contiene todo) con la prohibición de realizar cualquier obra interpretativa de esta[126], so pena

---

[121] La primera edición conocida como *Codex Vetus*, se perdió, conservándose únicamente la edición revisada por Triboniano, a la que se denominó *Codex Iustinianus repetitae praelectionis*, publicada -al igual que el Digesto- el año 534 mediante la constitución *Cordi nobis*.

[122] El Libro I contiene el derecho eclesiástico y derecho político, los Libros II a VIII, derecho privado, el Libro IX, derecho penal y procesal y los Libros X a XII, derecho administrativo. Como veremos mas adelante, la versión de la obra difundida por los glosadores se estructuró en nueve libros, ya que a los ultimos tres que contenían el derecho público de Bizancio, al igual que las *Novellae* en lengua griega no les prestaron la menor consideración ya que no despertaron el interés de la escuela que hizo valer el aforismo *graeca non leguntur*. Vid *infra* La obra de los glosadores.

[123] Para ganarse los aplausos del Emperador completó en tres años la labor para la que se la habían dado diez, generando numeras duplicaciones y contradicciones entre las "masas" como se conocía a los textos acopiados. Procopio lo define como cortesano en el peor sentido de la palabra, adulador, corrupto y lacayo intelectual, pero no hay duda que junto a otros catedráticos de Constantinopla como Teófilo y Doroteo logró demostar concomientos y energia sin par. Cfr. MARGADANT, Guillermo; *La segunda vida del derecho romano*, Miguel Angel Porrúa Editor, México, 1986, páginas 53 y 56.

[124] Esta antología de citas fue tomada de unos 2000 libros (tres millones de renglones) enmendándose citas donde pareciera conveniente mediante abreviaciones, añadiduras y sustituciones (las famosas interpolaciones, tribonianismos o *emblemata Triboniani*) por las contradiciones temporales de la obra de diversos jurisconsultos aumentadas por los glosemas, interpolación prejustinianea en un texto usado por los compiladores.

[125] La coexistencia de estos nombres para una misma obra refleja el dualismo lingüístico de la Constantinopla de Justiniano: para fines oficiales se usó el latín, al lado del griego que era el lenguaje diario, generalmente en la forma vulgarizada del *koine*. MARGADANT, Guillermo; *La segunda vida ...* , página 52.

[126] Esta dura prohibición de hacer comentarios al Digesto -que afortunadamente no fue observada estrictamente- permitía unicamente traducciones *kata poda* -literales- al griego, *índikes* -resumenes sinópticos- y *paratitla* -referencias a otros lugares dentro de la obra útiles para la comprensión de alguna cita. Idem, página 64. En caso de carencia de normas Justiniano deseaba resolverlas personalmente mediante rescriptos imperiales, debiendo los jueces suspender el juicio y elevar al Emperador sus problemas. Vid GOLDSCHMIDT, Werner; *Introducción ....*, página 335.

de destrucción del libro y castigo del autor[127].

Simultáneamente al *Digesto*, una pequeña comisión de tres miembros recibe el encargo imperial de redactar un libro para estudiantes de derecho, a semejanza de las *Institutas* de GAYO, casi calcado, con muy pocas modificaciones. Son las *Institutionum* redactadas definitivamente el año 533 que comprenden cuatro libros para la enseñanza elemental del derecho que debía facilitar la penetración en los 50 libros del *Digesto*. Estas son finalmente las tres partes del *Corpus* a la que mas tarde se le agregan, en lengua griega[128], las *Novellae*, leyes nuevas dictadas por Justiniano posteriores al nuevo código con la finalidad de acabarlas de completar, siendo estas externas al *Corpus*[129], pero que por uso tradicional se mantiene unida a el debido a que fueron transmitidas así en una colección privada del siglo VI[130].

Como resultado de una guerra victoriosa Italia cae finalmente en poder de Bizancio, la Roma de oriente (535 a 553). JUSTINIANO, que había publicado la Compilación en Constantinopla, recibe en 554 un pedido del Papa VIRGILIO de dotar de fuerza formal, en Italia, al *Digesto*, al *Codex* y a las *Institutiones*, lo que acontece mediante la *Sanctio Pragmatica* ese mismo año. Pero en 568 el norte y el centro de la península cayeron otra vez en poder de los germanos (esta vez los longobardos)[131].

De tal suerte que, a los bizantinos, finalizada la etapa de conquistas, desde el 650 les quedaron tan sólo pequeñas regiones, como Istria, la Provincia (Exarcado) de Rávena, el Ducado de Roma y Nápoles, la punta meridional de Italia y Sicilia siendo únicamente en ellas donde permaneció el derecho romano, alterado en cuanto al contenido y helenizado en la forma y el idioma griego. Sobre la cultura jurídica del occidente, sin embargo, no pudo ejercer ningún influjo a consecuencia también de las crecientes divisiones entre la Iglesia occidental y oriental[132].

Con la privación de los derechos políticos a los romanos sometidos y la supresión de sus estructuras administrativas desaparecieron manifiestamente los últimos restos de la cultura jurídica romana. El dominio longobardo fue finalmente abatido por otro pueblo germano, el franco, encabezado por CARLOMAGNO, quien unió los restos del Imperio

---

[127] GOLDSCHMIDT, Werner; *Introducción ...*, página 334.

[128] WEBER, Alfred; *Kulturgeschichte als Kultursoziologie (Historia de la cultura)*, trad. Luis Recasens Siches, Fondo de Cultura Económica, México, 1941, página 158.

[129] MAGALLÓN IBARRA, Jorge Mario; *op. cit.*, idem.

[130] MOLITOR, Erich - SCHLOSSER, Hans; *Grundzüge der Neueren Privatrechtsgeschichte. Ein Studienbuch. (Perfiles de la nueva filosofía del derecho privado)*, Bosch Casa Editorial, Barcelona, 1980, página 22.

[131] Idem, páginas 22 y 23.

[132] Las divisiones se manifestaron con la herejía arriana, con la querella de los iconoclastas (rompedores de imágenes) y con el movimiento copto, entre otras, para culminar con el gran cisma de 1054.

con el reino franco hacia 774[133], hasta que, como veremos, por iniciativa de otro Papa fue declarado Emperador de los Romanos.

D. El Codex Canonum

Desde el siglo V hubo en Occidente colecciones canónicas. Sobresale entre ellas la de DIONISIO EL EXIGUO (536), llamada *Codex Canonum*, colección que el Papa ADRIANO envió a CARLOMAGNO y que gozó de gran autoridad.

En el siglo IX aparece la famosa colección llamada "Falsas Decretales", de ISIDORO MERCATOR, hecha probablemente en Francia. Esta colección formada en gran parte con documentos apócrifos realza la autoridad pontificia, pero no tuvo la influencia que se le ha atribuido en la centralización eclesiástica.

Los elementos que informaban la legislación eclesiástica se reunieron en este cuerpo que obviamente no contenía normas relativas a la materia mercantil salvo la severa prohibición de la usura (interés) y de todo tipo de intermediación en el tráfico de dinero y de esclavos.

En la Europa de comienzos de la Edad Media no todo eran poderes laicos; evidentemente, la Iglesia tenía un papel central, de ahí que sea preciso considerar, el entramado de poderes laicos y eclesiásticos, que condicionan tanto esta época como las posteriores. Por ello, junto al derecho de raíz civil hay que tener en cuenta también al derecho canónico anterior al *Decretum* de GRACIANO DE CHIUSI[134].

Merecen destacarse en este aspecto, a pesar de su origen, por cuanto ejercieron notable influencia en el desarrollo del comercio en manos preponderantemente de mercaderes judíos, musulmanes y sirios sobre quienes no pesaban estas prohibiciones y ademas, porque el derecho en la medievalidad estuvo relativamente sometido a la política religiosa[135].

E. Las leyes germano-romanas

Como señalamos en el punto anterior, luego del Edicto de Caracalla, el derecho romano se vio fuertemente influído por las costumbres de los provinciales a quienes se les había hecho ciudadanos, quienes las más de las veces no estaban suficientemente romanizados, y como ya este

---

[133] MOLITOR, Erich - SCHLOSSER, Hans; *Grundzüge .... (Perfiles ...)*, páginas 22 y 23.

[134] ASCHERI, Mario, *I Diritti del Medioevo Italiano, Secoli XI-XV,* Carocci editore, Roma, 2000, capítulo II, *passim*.

[135] CIURO CALDANI, Miguel Angel, y CHAUMET, Mario; "Perspectivas jurídicas dialécticas de la medievalidad, la modernidad y la posmodernidad" en *Investigación y Docencia* número 21, página 71, Fundación para las Investigaciones Jurídicas (FIJ), Rosario, 2003.

derecho técnico y científico carecía de su vigor motriz, era impotente para poder enfrentar la nueva fuerza de los derechos vivos de las provincias, y entró, sobre todo en Occidente, en un proceso que dio pie a la formación del llamado derecho romano vulgar.

Así pues, en las antiguas provincias occidentales del Imperio, el derecho romano va a mantenerse no en sus formas clásicas, sino en las vulgares, que fueron recogidas en los textos legales dictados por los reyes en los diversos reinos romano-germánicos que paulatinamente fueron consolidándose en el antiguo suelo imperial.

Ejemplo de estas leyes, llamadas germano-romanas, fueron el Código de Eurico o de Tolosa (cerca de 476) que no contiene ninguna ley del genero mercantil y el Código de Alarico (506) entre los visigodos; el *Edictum Theodorici* (cerca de 500) entre los ostrogodos; la *Lex Burgundiorum* (c. 500) entre los borgoñones; la *Lex Salica* (cerca de 511) entre los francos sálicos; la *Lex Ripuaria*; entre los francos ripuarios, la *Lex Alamannorum* (entre 712-725) y la *Lex Bawariorum* (entre 743 y 744) entre los alamanes y bávaros respectivamente.

Pocas de ellas contienen normas de aplicación a la materia mercantil, ya que en esta época el mismo ofrece pocas manifestaciones, como corresponde al estado embrionario a que había sido reducido el comercio. Mayormente reproducen normas romanas o incluyen recomendaciones generales como los casos del Código de Alarico y el Fuero Juzgo españoles.

1. El Código de Alarico

En el Código de Alarico o Breviario de Aniano, promulgado por ALARICO como una colección de derecho romano (*Lex romana visigothorum*) destinada a la raza sometida en el año 506, se encuentran dos disposiciones referidas a nuestra materia.

Esta obra fue llevada a cabo por una comisión de jurisconsultos y sometida a la aprobación de una asamblea compuesta de obispos y de personalidades de las provincias. ANIANO como ministro del monarca la refrendó. Consta esta obra de texto e interpretación[136]. El texto contiene elementos de las dos fuentes del derecho romano en su última época las *leqes* (Constituciones de los emperadores) y el *jus* (escritos de jurisconsultos). En cuanto a las *leges* se tomó por base el Código Teo-

---

[136] Al lado de cada texto y bajo el epígrafe de *Interpretatio* figura un párrafo que aclara, resume, parafrasea o modifica la disposición que le precede. A veces en lugar de poner la interpretación se dice que no hace falta (*Haec lex interpretatione non indiget*). El compendio de las *Institutas* de Gayo no lleva interpretación. Cfr. MINGUIJÓN, Salvador, *Historia del Derecho Español*, Tomo I, Editorial Labor, Barcelona, 1927, página 40.

dosiano del año 438, reproduciéndose muchas de sus Constituciones y conservándose la misma división en libros, títulos y leyes. El *jus* está representado por un compendio de las *Institutiones* de GAYO, una gran parte de las *Sentencias* de PAULO y un breve texto de PAPINIANO.

En el Libro II se encuentran las dos disposiciones referidas, una es la *lex rodhia de jactu*, que se refiere a las cosas arrojadas al mar para salvar la nave y otra habla de la *pecunia traiecticia* o préstamo marítimo ya comentado[137].

2. El Fuero Juzgo

El *Liber Judiciorum* fue conocido también como *Forum Judicum*, Libro de los Jueces o Código de Recesvinto (649-672), ya que fue mandado componer por ese rey, con leyes de sus antecesores y otras propias hasta que recibió tardíamente el nombre de Fuero Juzgo. Por cuatro cartas que se conservan, cruzadas entre RECESVINTO y SAN BRAULIO, Obispo de Zaragoza, se sabe que el primero remitió al segundo un códice para que lo corrigiese, distribuyese su materia en títulos y se lo devolviese, encargo que cumplió el Obispo a satisfacción del Rey. Es de creer que el mencionado Códice contenía la colección de las leyes visigodas y que lo que hizo SAN BRAULIO fué el proyecto del Fuero Juzgo, así llamado tardiamente, en su traducción castellana de entre 1229 y 1234.

Poco después RECESVINTO encargó al Concilio VIII de Toledo, celebrado en 653, que hiciera una reforma de la legislación visigoda. Supónese que el Concilio nombraría una comisión que debió de llevar a cabo su cometido en el año 654 revisando el trabajo de SAN BRAULIO y distribuyendo los títulos en doce libros.

El *Liber Judiciorum* (Fuero Juzgo) fué de aplicación común a godos e hispano-romanos y habla de los mercaderes de *ultra portos* en el Libro XI, Título III que lleva el epígrafe: *"De transmarinis negotiatoribus"* y dice que deben ser juzgados por sus jueces y por sus leyes particulares[138] estableciéndose el fuero especial. Regula además la contrata de naturales por los mercaderes ulltramarinos y aun tratándose de cosa hurtada, adquiría la propiedad el que se la hubiese comprado a un mercader procedente de allende el mar[139].

---

[137] MINGUIJÓN, Salvador, *op. cit.*, página 62.

[138] Ibídem

[139] El precepto es el siguiente: *"Si quis transmarinus negotiator aurum., argentum, vestimenta vel quelibet ornamenta provincialibus nostris vendiderit, et competenti pretio fuerint venundata, si furtiva postmodum fucrint adprobata, nullam emtor calumniam, pertimescat."* REHME, Paul; *op. cit.*, página 91.

3. Los Capitulares

El particularismo de las diversas regiones del Sacro Imperio[140] resistió la influencia de la administración carolingia ya que subsistía la diversidad de sistemas jurídicos y tradiciones culturales e idiomáticas, e incluso la semiautonomía de Italia —reino separado—, Aquitania —reino subordinado— y Baviera -ducado vasallo-. Por supuesto, faltaba por completo un sentimiento nacional común, imposible en la época, que se agregara como elemento de cohesión a la mera existencia de un gobierno único[141].

No obstante ello, al margen del *Corpus Iuris,* los derechos particulares germano-romanos y el Derecho Canónico, coexiste otro ordenamiento que forma el complejo entramado de fuentes de la época de una manera destacada: los capitulares de Carlomagno

Como supervivencia de la vieja asamblea germana se reunía anualmente el "campo de mayo"[142]. La redacción de las decisiones allí tomadas —o más bien comunicadas por el Emperador—se divide internamente en capítulos, de donde su nombre de "capitulares". Su vigencia —unas veces regional, otras general— atemperó la heterogeneidad de las legislaciones anteriores.

Estos capitulares carolingios van creando unos fundamentos comunes en materia mercantil pero destinados en general a reglamentar el tráfico, a establecer el régimen de acuñación de monedas, de peajes o de aduanas y mercados, prohibir la usura, legislar sobre puentes y caminos, pesas y medidas, etc.

Los Capitulares no eran en ningún modo partes de un código sistemático, más bien lo característico de ellos era la falta de sistema. Resolvían cuestiones de reforma legal o administrativa conforme se iban planteando año tras año, y cada una de ellas contenía un cúmulo de leyes, disposiciones y órdenes temporales o permanentes, según las necesidades. Los *Capitularia eclesiástica* trataban solamente de los

---

[140] El día de navidad de 800, estando Carlos arrodillado en San Pedro oyendo Misa, el Papa León III (795-816) un hábil diplomático, puso una corona de oro en su cabeza y lo llamó Carlos Augusto, coronado por Dios, el grande Emperador de los Romanos que trae paz. El patricio bárbaro habíase hecho Emperador y fundado un nuevo Imperio Romano en Occidente, posteriormente obtuvo el reconocimiento oficial del Imperio Oriental como corregente o *basileus.* Aquella noche del invierno europeo había nacido el Sacro Imperio Romano de la Nación germana (*Heiligen Römischen Reichs Deutscher Nation*).

[141] MENA SEGARRA, Celiar Enrique; *El estado en la edad media,* Editorial Kapelusz, Buenos Aires, 1972, página 26. *Vid* asimismo *infra,* página 36, nota 96.

[142] Además de las tropas que partirán en campaña y que se supone representan al pueblo ya que son reclutadas en base a la magnitud de las propiedades en todo el territorio del Imperio, asisten al Campo de Marte altos funcionarios, duques, condes (resorte básico de la administración carolingia) y obispos. Las decisiones allí tomadas —o más bien comunicadas por el emperador— obligan a todos los asistentes y versan sobre los tópicos más variados

negocios de la Iglesia, los *Capitula legibus addenda* añadían cosas a los distintos códigos tribales; pero los *Capítula per se scribenda* y los *Capítula missorum* (que eran preceptos para los *missi*[143]) solían comprender también negocios relativos a las dos primeras categorías y no eran sino normas de administración o policía destinadas a durar tan efímeramente como los reinos que las dictaban.

Tampoco constituían un derecho mercantil, solo puede recogerse el espíritu que prestaba importante atención a las condiciones económicas como el grandioso proyecto de construir un canal entre el Rhin y el Danubio para facilitar la guerra y el comercio.

Entre los preceptos vinculados a la materia mercantil puede señalarse que estaba prohibido efectuar transacciones comerciales por la noche, así como también exportar trigos en épocas de carestía de este cereal. Se fijaban precios de tasa para determinados artículos de consumo. Para impedir la especulación estaba prohibida la venta de vinos y trigos antes de la vendimia y de levantar la cosecha. Se impuso un tributo para socorrer a los pobres que era pagado por los prelados, los condes y otras personas pudientes, pero eran pocas las presas de buenas monedas de oro que se hacían[144], y que tanto se necesitaban para desarrollar el comercio con el extranjero ya que Francia vivía casi exclusivamente de la agricultura.

Al decaer la monarquía franca no quedaba mas camino que la formación separada del derecho por nacionalidades, aún dentro del nuevo Imperio que era "de la nación germana" en lo que se refiere al carácter de Estado solo de nombre. El Emperador, elegido como *Romanus Imperator semper Augustus* por los príncipes electores, tenía a su cargo un territorio que se extendía desde el reino de Bohemia al este hasta los reinos borgoñones y longobardo italianos al oeste y estaba compuesto por 296 territorios soberanos y 1789 dominaciones[145].

---

[143] Eran delegados extraordinarios o comisarios regios con plenos poderes para inspeccionar, reformar y hacer justicia. Llevaban instrucciones, comunicaban órdenes reales y celebraban las reuniones en los campos de mayo. En época de los primeros merovingios se los conocía como *missi* y eran simples delegados; con Carlos Martel fueron *missi discurrentes* siendo delegados o comisarios viajeros; y a partir de Carlomago fueron *missi dominici*, con las funciones enunciadas al comienzo de la nota. Cfr. PREVITÉ ORTON, C.W., *Historia del mundo en la Edad Media*, Tomo I, Editorial Ramón Sopena, Barcelona, 1967, página 451.

[144] Los carolingios se contentaban con una moneda de plata, el *denarius*.

[145] Con el transcurso del tiempo, la Bula de Oro de 1356 se convirtió en una especie de ley fundamental que otorgaba la autonomía de los poderes territoriales. En Alemania no llegó a haber unidad en el derecho legislado, limitándose dicha unidad solo a la lengua y la cultura. GOETHE, quien describe como ninguno al hombre occidental llegó a escribir sobre su país "¿Alemania?, ¿Dónde está?, No consigo encontrar ese país; donde comienza el erudito, termina el político".

CAPITULO II
ORIGENES DEL DERECHO MERCANTIL

I. Introducción

Hemos visto en el Capítulo anterior que con la caída de Roma se produjo una ruptura económica en Occidente y desapareció el comercio propio del Imperio. Europa se convirtió en grupos autárquicos y cerrados sin conexión entre sí y así permaneció hasta el siglo X o el siglo XI donde se produce un resurgimiento económico comercial porque vuelven a emerger los ciudadanos rompiendo la economía cerrada del feudalismo. En torno a este resurgimiento aparece la clase social de los comerciantes profesionales o grupo singularizado por su actividad consistente en la intermediación lucrativa en el cambio de mercancías entre lugares de producción y de consumo o utilización.

El derecho vigente en la época conforme lo reseñamos, no era suficiente para satisfacer las necesidades de ese comercio ya que era una mezcla, como también vimos, del derecho canónico y de las normas germánicas, pero fundamentalmente del derecho romano justinianeo.

En la Edad Media, la flexibilidad y dinamismo del derecho romano honorario se perdió porque el derecho quedó compilado en un cuerpo donde se congeló. A ello hay que sumarle además la gran evolución del comercio en esa época con la creación de ciudades y la importancia creciente de los gremios. Los comerciantes entonces crearon su propio derecho formado según su propia voluntad y así se consolidó en costumbre, sin tener forma escrita. Más tarde en los propios gremios y asociaciones profesionales recogerían ese derecho en estatutos y ordenanzas y crearían además Consulados para defender esos derechos. Es decir que se trata de un derecho consuetudinario que goza de protección especial y es además estatuario. En esta época marca el ámbito de aplicación, a los comerciantes, con un criterio de aplicación subjetivo porque se limita a la condición de la persona según veremos a continuación.

II. Panorama general

En el siglo X persiste la crisis económica que se venía arrastrando desde el siglo anterior, e incluso en ciertas zonas se acentúa. La naturaleza y las influencias humanas difusas signan de modo especial este período. La tierra sigue siendo la principal fuente de riqueza; pero la productividad continúa escasa. El área cultivada era muy restringida, los instrumentos de labranza rudimentarios y costosos, lo mismo que las bestias de carga y de trabajo; el mal estado de los caminos y la inseguridad elevan el precio de los transportes, apagando la actividad comercial. Todo favorece el estancamiento de la vida económica, que queda reducida a los estrechos límites de cada dominio, y reyes y príncipes se trasladan de una posesión a otra para agotar sucesivamente las provisiones allí almacenadas. La misma dificultad de las comunicaciones hace que se almacenen productos en forma excesiva ante el temor de las malas cosechas, productos que en muchos casos serán poco o mal aprovechados[146].

La escasa densidad de población y la falta de centros urbanos de importancia reducen el consumo y no incitan a aumentar ni a mejorar la producción, y como, por otra parte, es mucha la población que se sustrae a la misma al tener que emplearse en la guerra, se percibe en el campo una falta de brazos; de ahí la necesidad de tomar medidas para asegurarse cultivadores para las pocas tierras que se labran en esos momentos mediante los lazos de servidumbre y adscripción a la tierra.

Al transformarse los impuestos públicos en rentas señoriales, se multiplican los peajes, pues cada señor trata de percibirlos en su propio provecho, encareciendo enormemente el precio de las mercancías transportadas; de aquí que, a medida que se afirme el régimen señorial, el comercio entre territorios distantes se verá enormemente reducido en cantidad y calidad.

Las guerras y las luchas señoriales van acompañadas de incendios y grandes devastaciones, ya que ese es el mejor modo de arruinar al enemigo, por ello, las clases rurales, más necesitadas, son las más afectadas por estas calamidades inesperadas, convertidas en verdaderas distribuciones fruto de influencias humanas difusas.

No hay que decir que la vida urbana ha desaparecido totalmente del centro de Europa; las que se dicen ciudades son pequeños recintos fortificados donde el Señor o el Obispo reside con su minúscula corte de

---

[146] PARAIN, Charles; VILAR, Pierre y otros; *El feudalismo*, Sarpe, Madrid, 1985, página 5.

servidores y los escasos aldeanos que perviven trabajan para cubrir las necesidades de estos cuadros de mando[147].

III. Origen del feudalismo

Ante la inseguridad ambiente, la población siente una mayor necesidad de protección. Los pequeños propietarios, incapaces de llevar las armas, buscan la protección de un poderoso, aun a costa de tener que hacerle entrega de sus tierras, que luego seguirá cultivando mediante el pago de un pequeño censo, equivalente al precio de la protección que solicita. Si no tiene tierras, el señor le dará alimentos, vestidos y protección, a cambio de lo cual prestará servicios personales. Pero unos y otros han renunciado prácticamente a su libertad. Los que se sienten inclinados al servicio de las armas entran en vasallaje dejando a salvo su libertad personal, y éste será muchas veces un medio de hacer fortuna. Porque, ante la inseguridad reinante, el que dispone de las armas con su cortejo de vasallos, dispone del poder. La sociedad aparece montada para la defensa: los labradores acuden en socorro de su señor con víveres y bastimentos y los caballeros, con las armas[148].

Cualesquiera que sean las diferencias jurídicas entre las distintas clases sociales, éstas, ante el común de las gentes, se reducen a tres, de acuerdo con sus profesiones: campesinos, guerreros y clérigos. Los que aran, los que luchan y los que oran[149]. Los primeros, sean pequeños propietarios, renteros o siervos, están sometidos a la justicia y explotación de otro, bien como señor territorial que es, bien por hallarse adscritos a la tierra. La consecuencia será la persistencia y aun incremento del señorío rural. Los caballeros, que gozan de exención económica, quedarán articulados dentro del sistema feudal. Los clérigos que se deben a la Iglesia; son los únicos que forman una auténtica corporación, con sus leyes especiales de derecho canónico.

El antiguo señorío rural, a partir del siglo IX, tiende a fragmentarse para formar entidades señoriales menores. A ello contribuyen la constitución de feudos en la antigua *villa,* los repartos hereditarios y las donaciones piadosas.

Con la difusión del vasallaje, la idea del Estado tiende a esfumarse. El antiguo juramento de fidelidad, que todos los súbditos debían prestar a CARLOMAGNO, ahora sólo se prestará al rey si se entra en vasallaje. No hay, pues, súbditos, sino fieles o vasallos del rey, y vasallos de sus

---

147 Idem, página 6.
148 Ibidem
149 Ibidem

vasallos. Una nueva jerarquía feudal se ha producido, en la que la antigua sumisión al Estado ha sido reemplazada por las obligaciones, previamente pactadas, de hombre a hombre. A medida que se ascendía en la pirámide feudal, hasta llegar al Sacro Emperador, el poder nominal era más extenso pero el poder real disminuía[150].

En la cúspide de esa pirámide feudal están los reyes como señores de señores. Todos ellos, vasallos y señores, aparecen ligados por mutuos juramentos de fidelidad y protección, frente al concepto de derecho público que supone la obediencia directa de cada uno a quien ostenta la soberanía del Estado[151].

IV. La transición del feudalismo al capitalismo

El paso cualitativo de la sociedad feudal a la sociedad capitalista no debe situarse demasiado pronto y varía según los países; pero no deja de ser útil señalar desde su aparición los factores que preparan, generalmente desde muy lejos, ese cambio de naturaleza.

Se adivina el elemento contrario al principio de producción feudal de la propiedad de las tierras en diferentes grados y la propiedad limitada de las personas, de donde resultaba un circuito casi totalmente cerrado entre el producto agrícola y el consumo conjugado de las clases rurales y las clases feudales[152].

Los intercambios exteriores perturban ese circuito, la circulación monetaria desarrolla aun primariamente la "economia monetaria" luego de su punto mas bajo en el siglo anterior, la propiedad absoluta individual progresa frente a la propiedad feudal, los hombres libres, ricos o pobres, son cada vez más numerosos frente a aquellos que están vinculados a las relaciones feudales, la ciudad adquiere una gran importancia al lado del campo, se constituyen fortunas mobiliarias y los impuestos del Estado vienen a competir con los tributos señoriales: todos estos hechos son amenazas a la estructura del régimen feudal y preparan su futura disgregación. Algunos de ellos aparecen desde el síglo XI y localmente, pueden esbozarse los orígenes del sistema capitalista, aunque el tránsito a la idea actual de dicho sistema dura todavía varios siglos[153]

Contribuyen a ello sin duda, el crecimiento de las ciudades como núcleos destinados a la industria y el comercio, los progresos técnicos[154],

---

¹⁵⁰ CIURO CALDANI, Miguel Angel, *Perspectivas ....*, página 146.
¹⁵¹ PARAIN, Charles; VILAR, Pierre y otros; *op. cit.*, páginas 49 y siguientes
¹⁵² Ibídem.
¹⁵³ Ibídem.
¹⁵⁴ Estos progresos técnicos que hoy nos pueden parecer insignificantes fueron el arado sobre ruedas, el

la aparición de industrias especializadas en diversos puntos de Europa[155] y el aumento de la producción agrícola[156] que reactivaron el comercio en Occidente haciendo necesario colocar los excedentes en ferias y mercados, lo que hubo de ser acompañado de técnicas comerciales muy perfeccionadas. Nacieron las corporaciones de mercaderes y por supuesto el derecho comercial que ve reflejado todos estos cambios en la economía y en las relaciones de intercambios[157].

V. El Apogeo del mundo medieval (Siglos XI al XIII)

Ahora si, en el siglo XI Occidente se reactivó. Cuando el sol salió el primer día del año mil e hizo obsoleta la cláusula *appropinquante fine mundi* todas las fuerzas del género humano se intensificaron[158]. Este siglo es escenario de una nueva vida en la historia de Europa, la atmósfera que preludia el nacimiento de las universidades, cuando los juristas "redescubren" (*sir venia verba*) la jurisprudencia, y también claro está, el florecimiento del comercio mediante la multiplicación del contacto con los países árabes, con los Balcanes y con el Imperio Bizantino. Se trataba de contactos de tipo muy diverso, militares o pacíficos, que condujeron

---

rastrillo, el empleo de animales de tiro, los mejores aparejos (entre ellos el yugo) y nuevos útiles de labranza de metal. Al viejo arado de piedra se agregaron partes de hierro, especialmente el filo de la reja, lo que le permitió hacer surcos más profundos. El arado "pesado" permitió además entrar a los campos más altos del norte del continente. El tiro del caballo, se cambió el collar de garganta que estrangulaba al animal por la collera de pecho (pechera) que le permitia desplegar toda su fuerza e incluír al caballo como fuerza motriz sustituyendo al buey en el arado, dando más agilidad a las labores. Se agregaron las herraduras, que permitieron a los animales transitar sin daño por las zonas pedregosas, y el tiro en fila, sumado al yugo de madera, que hacía más rendidor el trabajo con carros y carretas. Las innovaciones más importantes en materia de transporte fueron el timón, que permitió manejar la dirección del barco con mayor facilidad y menor esfuerzo y la brújula (empezó a ser utilizada *en* el siglo XII) que hizo posible que los navegantes se alejaran de las costas

[155] Por ejemplo, el aprovechamiento de la fuerza hidraulica de molinos y batanes para la industria textil y metalurgia (fraguas). El molino facilitó el aprovechamiento de la energía de las corrientes de agua para moler el grano, batir paños y pieles, pulverizar minerales y fabricar pasta de papel. El toponímico de Schmidmühle (molino de herrería) en el Alto Palatinado se menciona ya en el año 1010. DHONT, Jan, *La alta edad media*, Siglo XXI editores, Madrid, 1974, páginas 269 a 274.

[156] El producto principal era el trigo, con rendimientos muy bajos. Por cada semilla plantada se obtenían cinco. Pero fuera de la nobleza, el cereal de mayor consumo era la cebada, que tiene gluten y es como una galleta. Otro impacto sobre la agricultura de la época viene de la mano de la expansión de los árabes. En el siglo X, los árabes llevaron a Europa productos que no se conocían como el trigo candeal, que se utiliza para hacer pastas, el arroz, originario de China pero que los árabes traen de India, el sorgo, la caña de azúcar, el algodón asiático, que da una fibra muy corta, la naranja amarga y la sandía. La llegada de los árabes fue acompañada de una gran cantidad de nuevos cultivos que aumentaron los rendimientos y la diversidad. Este intercambio solo sería superado, siglos mas tarde, con el vertiginoso ingreso de nuevas variedades que se produjo con el descubrimiento de América. SOLBRIG, Otto; "Historia de la agricultura mundial", *La Capital*, Rosario, 12 de junio de 2005, página 8.

[157] PARAIN, Charles; VILAR, Pierre y otros; *op. cit.*, páginas 49 y siguientes

[158] Al acercarse el fin del mundo. Cláusula altamente frecuente en contratos y testamentos ante el inminente fin del mundo. TAMAYO Y SALMORAN, Rolando, "Prólogo. La jurisprudencia Medieval", en MAGALLÓN IBARRA, Jorge Mario; *El renacimiento medieval de la jurisprudencia romana*, Universidad Nacional Autónoma de México, México, 2002, página XII.

a la expansión de Occidente. Se reanudó la expansión hacia el este, al tiempo que Escandinavia era evangelizada.

Hay que buscar en la raíz de estos cambios el aumento demográfico que experimentaron todas las regiones de Europa, lo que llevó a la roturación de nuevas tierras y a la creación de nuevas ciudades. Las empresas militares contarán con un nuevo empuje: en el sur de Italia, los normandos; en la Península Ibérica, la Reconquista y, sobre todo, las Cruzadas. El desarrollo económico iniciado o reforzado por las Cruzadas iba a tener importantes consecuencias en Italia, en especial en ciudades como Venecia y Génova

El Mediterráneo tendió a convertirse ahora en un lago italiano, mientras que, en el norte de Europa, el mar del Norte y el mar Báltico se transformaron en lagos germanos. En los siglos XI, XII y XIII las condiciones políticas y sociales comenzaron a experimentar grandes transformaciones.

El punto más bajo de la llamada "economía monetaria" fue anterior al siglo X, cuando se gestaban las instituciones feudales. El impulso económico comenzó en la segunda mitad del siglo X o principios del XI y coincidió con el triunfo completo del feudalismo en Francia. La aceleración de la circulación de bienes y el nacimiento de nuevas fuerzas políticas estuvieron directamente relacionados. Los nobles y monarcas lucharon contra la inseguridad y el desorden e hicieron menos peligrosa la circulación de mercaderías; al mismo tiempo se beneficiaron con los impuestos cobrados por el pasaje de productos. Además, el dinero comenzó a otorgar poder y los nobles tomaron consciencia de esa realidad: el comercio adquirió para ellos tal importancia, que recibió su protección. Hacía el año 1300 las regiones superaron sus antiguos límites económicos y desbordaron los feudos y los mismos reinos[159].

A. La expansión económica

El progreso económico se ve reflejado en el crecimiento de los recursos económicos en proporción al crecimiento de la población. Se caracteriza por el desplazamiento progresivo del sector activo de la población de la agricultura al sector de la industria y los servicios. La velocidad de este desplazamiento indica las etapas de desarrollo.

Los capitales provenientes de la agricultura son invertidos en el comercio y en la industria. De la misma forma, la mano de obra que ya no tiene cabida en las labores del campo desplaza sus actividades hacia

---

[159] APPRATO, Carmen; *Economía y sociedad en la Edad Media*, Editorial Kapelusz, Buenos Aires, 1972, página 28.

el sector comercial e industrial.

Se crean industrias de bienes de consumo y de bienes de inversión, al principio equilibradas. Luego, cuando el consumo de bienes industriales llega al máximo, pasa a los productos y servicios terciarios (comercio). Hay por lo tanto una transferencia de población activa de la agricultura a la industria, y de la industria al comercio. Las causas de esta expansión económica son, como vimos, el crecimiento demográfico, las innovaciones técnicas pero muy especialmente el dinamismo de una nueva clase social emergente: la burguesía[160] que desarrolla e impulsa la economía urbana *(Stadtwirtschaft)*.

Veremos a continuación como la economía creció en el medio rural, se desarrolló en el intercambio regional con las ferias y se afianzó en la economía urbana de las ciudades produciéndose la expansión del comercio y la industria, centralizados en las corporaciones[161].

1. La economía en el medio rural

Los progresos entre los siglos XI y XIV se originaron, como dijimos, fundamentalmente en el sector rural y dieron impulso a otras ramas de la economía. La producción agrícola experimentó un importante crecimiento. Ya no sólo satisfizo el consumo local, sino que abasteció a las ciudades y en algunos casos produjo excedentes para la exportación a regiones con déficit de producción.

Es muy importante el aumento de áreas cultivables, tanto por colonización externa como interna. Con la colonización externa, mas allá de las fronteras conocidas y pobladas, los germanos ganaron nuevas tierras más allá del río Elba y el Oder[162], además, la reconquista ibérica anexó territorios en poder de los musulmanes, en las Islas Británicas se incorporaron el país de Gales, Escocia e Irlanda y se abrieron nuevos mercados en Escandinavia.

En cuanto a la colonización interna, dentro de las fronteras de los territorios señoriales, trajo como consecuencia importante la transformación de pastizales, la roturación de bosques y el desecamiento de pantanos ganando esos terrenos para la agricultura.

---

[160] Idem, pagina 29

[161] ZALDIVAR, Enrique, MANOVIL, Rafael, RAGAZZI, Guillermo; ROVIRA, Alfredo, SAN MILLÁN, Carlos; *op. cit.*, página 3.

[162] Carlomagno había extendido sus conquistas hasta el curso inferior del Elba, en Silesia y el Danubio, pero el movimiento que se emprendió en el siglo XI, y a partir del XII implicó que cada conquista trajera aparejada el establecimiento de una plaza fortificada donde los nobles recibían las tierras y se esforzaban en atraer colonos. La frontera sobrepasó el bajo Vístula y los caballeros de la orden teutónica y de Porte-Glaive conquistaron Livonia (Letonia), Prusia, Lituania y Estonia hasta que en 1348 -año de la peste negra- el movimiento hacia Oriente se detuvo.

No solamente se ganó en extensión, sino en intensidad, se sustituyó la rotación bienal por la rotación trienal; se generalizó el cultivo en tres campos uno destinado a cultivos de invierno, otro destinado a cultivos de primavera y un tercero que quedaba en descanso (barbecho)[163].

Simultáneamente se produjeron cambios en la organización de la agricultura. Disminuyó la reserva del señor y éste tendió a abandonar la dirección de explotaciones propias, como lo eran las reservas, y a convertirse fundamentalmente en rentista, obteniendo el pago de arrendamientos en dinero, que los campesinos sufragaban vendiendo el excedente de sus cosechas.

En las tierras colonizadas aparecieron las llamadas ciudades o "villas nuevas", y en ellas, como veremos luego, aumentó el número de hombres libres[164]. Frente a los campos cultivados en forma colectiva por todos los campesinos comenzaron a aparecer campos cercados, especialmente en Inglaterra, donde campesinos ricos practicaban una explotación más intensiva. En los nuevos predios individuales, cada uno elegía su camino y eso abrió paso a numerosas innovaciones.

El desarrollo del comercio permitió la especialización por zonas de determinados cultivos. Ya no se produjo de todo en cualquier lado, sino que se adaptó la producción a las condiciones favorables del clima o del suelo o a los requerimientos del comercio. Las innovaciones más importantes se dieron en los Países Bajos, sobre todo con el cambio en el sistema de rotaciones y la incorporación de las leguminosasa a las mismas. De la rotación altomedieval de dos o tres cultivos que viéramos,

---

[163] La rotación agrícola en el sur de Europa era simple, un año se cultivaban cereales y al otro se dejaba en barbecho. Se araba el campo, y se dejaba entrar al ganado, sobre todo para que fertilizara la tierra con su estiércol. Al norte de Francia, en cambio, la rotación era distinta: se dejaba un año en barbecho, al otro se sembraba trigo y al otro año se plantaba cebada. Era un sistema más eficiente porque sólo una parte de la tierra, y no la mitad, quedaba en barbecho. En la temprana edad media los campos se manejaban colectivamente. Cada uno manejaba su parcela, pero el sistema de producción era común. Si un año se sembraba trigo, todos tenían que hacer trigo. Por supuesto, dividido en zonas para que no todo sea barbecho o trigo. El ganado se ubicaba en las praderas, las zonas más bajas. Aunque cambiaron las rotaciones, el paisaje rural de la Europa de hoy no es muy distinto al de aquella época. *Vid* SOLBRIG, Otto; *op. cit.*, página 8 y APPRATO, Carmen; *op. cit.*, páginas 30 y 31.

[164] Este crecimiento fue dibujando una nueva estructura social. Hacia el siglo XI, los reyes comenzaron a fomentar la urbanización para controlar el poder de los barones que dominaban el campo. La presión demográfica se hizo sentir en la reducción de los bosques, la cantidad de animales y de estiércol para abono y, finalmente, el rendimiento de los cultivos. Las ciudades pasaron a ser mercados para la producción agrícola y dejó de ser el señorío el lugar exclusivo en el que volcar el excedente. Con la venta a las ciudades apareció el dinero y eso permitió que el campesino pudiera pagarle al dueño en lugar de trabajar para él y así trabajar su propio campo apareciendo en escena estos nuevos propietarios, aparceros (España), junker (Alemania) o squire (Inglaterra) que deseaban librarse de los restos del orden feudal. Ciertos campesinos comenzaron a volverse más ricos y a comprar tierras. Además, con la peste negra de 1348 que en 50 años arrasó con la tercera parte de la población de Europa se produjo una reducción de la mano de obra que obligó a los señores a pagar por el trabajo o dar sus campos en arrendamiento. Los siervos fueron paulatinamente perdiendo su condición de tales debido a podían irse a la ciudad donde en virtud de las concesiones obtenidas por las mismas eran libres y así cobrar por sus labores a la nobleza. SOLBRIG, Otto; *op. cit.*, passim.

se pasó a procesos más largos, con incorporación de tecnologías que tenían un objetivo principal: eliminar el barbecho y evitar así dejar inmovilizada la tierra por un año[165].

2. Ferias

De la transición del mundo antiguo al medieval, más que los mercados continuos perduraron algunas ferias documentadas ya en los siglos VII y VIII, como, por ejemplo, la de Saint-Denis, cerca de París.

La posterior ruralización de la sociedad y la vuelta a una economía de simple trueque propició la desaparición de concentraciones comerciales permanentes, pero las reuniones anuales de comerciantes en torno a lugares elegidos por su especifica producción o por encontrarse en puntos de coincidencia de rutas tradicionales del comercio a larga distancia subsistieron en parte y sin solución de continuidad.

Fue a partir del siglo XI, y a lo largo de los siglos XII y XIII, cuando surgieron nuevos mercados públicos al aire libre en todo el Occidente que se multiplicaron en las ciudades, posiblemente a remolque del aumento de la producción campesina, y se consolidaron las grandes ferias internacionales que rebasarían con creces los propósitos de una burguesía todavía en ciernes, pero ya a punto para su confirmación como clase dinámica y preindustrial. A este respecto, fue importante la aparición de ciudades-mercado en torno a las rutas comerciales que unian a las ferias[166].

Las ferias fueron entonces una consecuencia lógica del comercio ambulante. Tuvieron su apogeo en el siglo XIII, pero ya desde el siglo XII aparecieron ferias regionales, especie de mercados permanentes en regiones vecinas, interrumpidos sólo en invierno.

En las ferias se concentraban mercaderías procedentes de países distantes y que tenían gran valor. Los mercados, en cambio, eran lugares donde se intercambiaban productos agrícolas o artesanales locales de menor calidad y precio. Los verdaderos cambios en los métodos comerciales se produjeron en las ferias, precisamente por el mayor volumen de los negocios.

Las nombradas de Saint Denis en París, y, sobre todo, a partir del siglo XII, las de Champaña, y después de decaer éstas, las de Lyon (en el siglo XV), fueron las más importantes. Eran el punto de convergencia del

---

[165] APPRATO, Carmen; *op. cit.*, páginas 30 y 31 y SOLBRIG, Otto; ibídem.

[166] Así sucedió, por ejemplo, con la localidad alemana de Buxtehude, próxima a Hamburgo, que prosperó debido a su excepcional localización, pues se encontraba en la ruta mercantil que unía dos gigantes de la economía europea bajomedieval como Brujas y Lübeck. Ver www.artehistoria.com/historia/contextos/1045.htm

tráfico de mercaderías y dinero de toda Europa occidental. Unían el comercio italiano con el de los Países Bajos y acudían comerciantes de todas las regiones de Europa especialmente alemanes[167]. En España fueron importantes las ferias de Medina del Campo a las que le concedieron privilegio el Infante Don Fernando, Juan II, Enrique IV y los Reyes Católicos sucesivamente.

Cuando, a fines del siglo XIII, los procedimientos comerciales se perfeccionaron, el papel de las ferias comenzó a declinar y en adelante serán, sobre todo, un lugar internacional de cambio como la de Besancon organizada por genoveses bajo la protección de CARLOS V, 1537, hasta decaer en el siglo XVI con motivo de la Guerra de los Cien Años en Francia.

Para la concurrencia a las mismas se acordaban salvoconductos a los comerciantes y se eximía a los concurrentes de todo impuesto servil sobre los terrenos donde se constuyeran alojamientos y locales para los mercaderes. Se establecía una especie de "paz comercial" que protegía al extranjero como lo reflejan por ejemplo las Partidas[168].

Los habitantes de los burgos quedaron exentos de tributos y *banalidades*. No habia que pagar peajes ni derechos de represalia ni marca e inclusive se otorgaban zonas francas como la concedida a los vascos en Brujas en 1348 conocida como "lonja nacional vascongada"[169].

Los condes de los lugares donde se organizaban aseguraban la policia de la feria, controlaban la legalidad y la honestidad de las transacciones y garantizaban las operaciones comerciales y financieras. Para ello crearon funcionarios especiales: los guardias de feria, que bien pueden tomarse como antecedentes de la jurisdicción mercantil según veremos *infra*.

a. Tribunales de la feria

La jurisdicción de la feria comprendía a todos los participantes,

---

[167] Los textiles provenientes de Flandes se vendían a los mercaderes italianos, quienes, a su vez, los distribuían por lodo el Mediterráneo. Los flamencos compraban telas de seda y especias venidas de Oriente que los comerciantes del norte de Europa vendían en la ciudad de Brujas junto con el vino francés.

[168] La Ley 4°, Título 7 de la Partida V establece que "todos los que vengan a las ferias de estos reynos y a otro punto de ellos en cualquier tiempo, sin distinción de cristianos, moros o judíos, serán salvos y seguros en sus personas, bienes y mercaderías, así en la venida como en su estada y vuelta". GARRIGUES, Joaquín; *op. cit.*, página 55.

[169] MINGUIJÓN, Salvador, *Historia del Derecho Español*, Tomo I, Editorial Labor, Barcelona, 1927, página 173. Las "Lonjas" en España fueron antecedentes de las Bolsas. La "Lonja de Barcelona" creada en 1339 como reunión general de comerciantes para defender sus intereses y para administrar justicia los cónsules fue creada por. Real Cedula de don Pedro IV de Aragón. Le siguieron la Lonja o Casa de Contratación de Valencia (1383), Burgos (1499) y Sevilla (1583). GARRIGUES, Joaquín; *op. cit.*, página 58.

incluso los extranjeros. Pronto se desarrolló un riguroso derecho de esas ferias, que disponía del procedimiento sumario y de la ejecución inmediata con rigor coactivo (*rigor nundinarum*). Se les otorgaba fuerza ejecutiva a ciertos documentos mercantiles pagaderos en la feria (*executio parata*) y establecía un procedimiento sumarísimo para su cobro llegando incluso a la prisión por deudas (*autsolve, autmane*)[170]. El contenido era además muy amplio: los privilegios acordados a los que participaban en ellas, las letras, la compensación de pagos y el descuento (clearing), los notarios de la feria y más que ninguna otra, la jurisdicción de la feria. Las letras de cambio que, como veremos *infra*, comenzaron a usarse desde el siglo XIII eran al principio simples promesas de pago, y como todas las comarcas de Europa tenían contacto con Champagne, nació una especie de compensación de deudas internacionales, antecedente, con carácter embrionario del clearing[171].

b. Tribunales de mar

Y al igual que la jurisdicción de las ferias, existía también jurisdicción marítima. Dentro de ésta fué universal el alcance histórico del famoso Tribunal del Mar de la isla de Oléron, frente a La Rochelle. Una colección de sus sentencias, formada quizá ya desde el siglo XII, conocida con el nombre de *"la charte d'Oléroum"*, o también *"rolles des jugements d'Oléron"* o *"réles d'Oléron"* (Carta, Roles, o Reglas de Olerón)[172] logró difundirse, en el curso del tiempo, por todo el oeste y el norte de Europa y ser recibida como fuente de derecho común[173].

Su contenido constituye también el principal elemento del derecho marítimo de las costas atlánticas, e influyó en las "leyes de Wisby" del siglo XV[174] para las costas del mar Báltico. La otra jurisdicción en las cuestiones del comercio naval era la del Almirantazgo general, tribunal constituido, en conexión con el derecho de presas y con la tutela de los contratos de fletamento, por el Almirante de Francia que recibiría también inluencia de Olerón en el *Guidon de la Mer*, fuente después de la Ordenanza de la Marina de Luis XIV.

---

[170] GARRIGUES, Joaquín; *Curso de Derecho Mercantil*, Tomo I, Imprenta Aguirre, Madrid, 1976, página 55.

[171] LE GOFF, Jacques; *Mercaderes y banqueros de la edad media*, Eudeba, Buenos Aires, 1962, páginas 20 y 21.

[172] Vocablos derivados del término francés *rôles* o recopilación de sentencias.

[173] Esta recopilación escrita en idioma gascón nos ha llegado en su versión de 1266 debida a un particular. Consta de tres capítulos, el primero de 25 artículos, el segundo de 2 y el tercero de 8 dedicados a regular las cuestiones navales comentadas.

[174] Recopilación de usos y costumbres elaborados en la Isla de Gothland en Suecia por el hansa alemana de la ciudad, antiguo centro del comercio nórdico. Contenía copioso material de sentencias y documentos que también fue conocida como *Wasserrecht* o derecho del agua y conservó validez aún desaparecida la Liga Hanseática.

En España, no menor fue la jurisdicción del Consulado del Mar de Barcelona, cuyas decisiones fueron elaboradas y luego compiladas entre los siglos XII y XIV[175].

3. Las ciudades

Coincidentemente con el apogeo, y al mismo tiempo, con la decadencia del sistema feudal, se produjeron cambios sociales de importancia en directa relación con el renacimiento urbano.

Aunque las ciudades habían surgido en épocas muy anteriores la intensa evolución de las mismas que caracteriza a este periodo es el desarrollo casi explosivo del *burgus*. Este nombre indicaba originalmente una fortificación y el término conserva todavía ese significado en lengua alemana (*burg*), en Italia se derivó la palabra *borgo* y en Francia *bourg*. Este fenómeno se extendió a toda Europa. En los países escandinavos se conoció el *burh* y en Rusia los *gorod*[176]

A partir del siglo IX se multiplicó el numero de burgos todavía destinados al círculo de consumidores del lugar (de una *civitas* con sede obispal o del castillo del representante del poder estatal). Pero en la segunda mitad del siglo IX y especialmente el X, aparecieron varios burgos independientes de aquellos círculos de consumo. En el curso del siglo XI fueron construídos tantos que su enumeración sería imposible[177]. Cada *civitas*, cada abadía, cada castillo, cada *portus* (emporio comercial o mercado) tenia prácticamente su *burgus* donde los aldeanos y labriegos comenzaron a agruparse buscando refugio físico y oportunidades de trabajo, victimas de las continuas guerras, de las pestes y hambrunas.

Frente al mundo rural y la economia de subsistencia, expresiones de base agraria y enimentemente feudal, los núcleos urbanos representaron el alumbramiento de un mundo nuevo protagonizado por una nueva clase social: la burguesía. La ciudad era un centro de localización de actividades artesanales y del comercio, la transformación de materias primas con carácter preindustrial y el intercambio

---

[175] ASCARELLI, Tullio; *Iniciación al estudio del derecho mercantil*, Bosch Casa Editorial, Barcelona, 1964, página 38.

[176] DHONT, Jan, *op. cit.*, página 288.

[177] Hacia el año 900 existían en Alemania unas cuarenta ciudades, hacia el año 1200 había ya unas doscientas cincuenta, en el siglo XIII fueron fundadas ochocientas y a fines de la Edad Media se contaban, aproximadamente tres mil lugares con derechos de ciudad. En Francia e Italia no fueron tan numerosas las fundaciones de ciudades porque se habían conservado más de la época del Imperio Romano. Cfr. BÜHLER, Johannes; *Vida y cultura en la Edad Media*, Fondo de Cultura Económica, México, 1957, página 181.

En estos burgos habitaban artesanos de un alto nivel de especialización, -indispensable en toda sociedad no agraria- pero sobre todo vivían en ellos mercaderes ambulantes *(mercatores transeuntes, mercatores cursaii)* es decir, comerciantes que no tenían domicilio estable en el *burgus,* y también mercaderes estables que vivían allí continuamente. Frecuentemente albergaba el *burgus* a personas que comerciaban profesionalmente con dinero y metales preciosos: orfebres, cambistas y prestamistas a interés elevado que era considerado por entonces como usura ya que no se admitía que un bien consumible y por ende estéril pudiera producir frutos, en este caso civiles[178].

Pero también había judíos que no necesitaban a diferencia de los cristianos defraudar la prohibición eclesiástica relativa a los intereses, puesto que era inaplicable a los no cristianos[179], incluso ocurría que un señor, al fundar una ciudad atrajese judíos para que se estableciesen en ella ofreciéndoles la concesión de privilegios como el obispo de Speyer en 1084[180]. La fundación de ciudades nuevas respondía al deseo de poblar un lugar determinado o recientemente conquistado y explotar los recursos de la zona[181]. El medio de movilizar a los individuos para que se establezcan en determinadas localidades ha sido siempre el mismo: la concesión de ciertos privilegios. Entre los más frecuentes se encontraban el derecho de asilo, el estatus jurídico de hombre libre frente al propietario territorial, las inmunidades y las franquicias como por ejemplo la patente de inmunidad otorgada por el obispo de Lieja en el año 1066 a la ciudad de Huy –ciudad vieja-. La más antigua de las ciudades nuevas de esta epoca de la historia es Geerardsbergen (Grammont), fundada en el Condado de Flandes en 1070[182].

Los primeros habitantes de las nuevas ciudades se agruparon en asociaciones y actuaron como grupos de presión para conseguir las prerrogativas y libertades de los nobles y señores de la región.

---

[178] Las doctrinas de la Edad Media se fundaban en que las cosas estériles, entre las cuales no se contaba el dinero, no pueden usarse sin consumirse. Por consiguiente, en ellas el uso de la cosa es inseparable de la cosa misma y es ilicito cobrar dos veces: una por la cosa (restitución de la cantidad prestada y otra por el uso de la cosa (intereses). Se admitió, sin embargo, que podían concurrir títulos extrínsecos que justificasen la excepcion y éstos eran el *daño emergente,* (perjuicio experimentado por el prestamista a causa del préstamo), el *lucro cesante* (privación de ganancias que podian haberse obtenido con el dinero prestado), el *periculum sortis* (riesgo de perder el capital), el *titulus legis* (disposición de la ley civil) y la mora o retardo en la devolución del dinero. MINGUIJÓN, Salvador, *op. cit.,* Tomo I, página 159.

[179] En España la usura fue prohibida a los cristianos por Alfonso X en las *Leyes nuevas,* pero se permitía un interés de un tercio del capital a los judíos, a los cuales, en cambio, prohibió Sancho IV tener bienes raices, a excepción de sus viviendas. El *Ordenamiento de Alcalá* hizo extensiva a los judíos la prohibición de la usura y en compensación les concedió la facultad de poseer tierras hasta cierta cuantía. MINGUIJÓN, Salvador, *op.cit.,* página 161.

[180] REHME, Paul; *op. cit.* página 100.

[181] *Vid* supra, "La economía en el medio rural", especialmente lo reseñado en la nota 156.

[182] DHONT, Jan; *op. cit.,* p. 286

La obtención de las referidas libertades se apoyaba, a su vez, en el deseo de los comerciantes y artesanos de obtener libertades jurídicas de los tribunales señoriales, por una parte, y por la otra, en la necesidad económica de libertad y protección frente a la competencia de las ciudades extranjeras.

Este movimiento de liberación de ciudades favoreció a los comerciantes y al comercio y permitió que aquéllos tuvieran no sólo el control de la política comercial de la ciudad, sino toda la administración. Naturalmente, fueron los grandes comerciantes y mercaderes los que más se beneficiaron con este proceso, pues acapararon el gobierno de las ciudades[183].

B. La nueva sociedad urbana. Los primeros estatutos

En primer lugar, el habitante de la ciudad estaba dotado de un espíritu aventurero de empresa, de un gusto por el riesgo absolutamente nuevo. El dinero se convirtió en uno de los elementos más importantes de diferenciación social. La tierra perdió su valor exclusivo y la base del sistema feudal desapareció.

El comerciante, antes ambulante, se hizo sedentario debido al perfeccionamiento de las técnicas comerciales que le brindaron garantías para invertir su dinero sin necesidad de desplazarse y sin riesgos mayores. Los burgueses tenían que enfrentarse inevitablemente con los representantes de la sociedad agraria y feudal. Se resistieron a pagar impuestos que no les reportaban ningún beneficio, reivindicaron la libertad de movimiento y, sobre todo, solicitaron que las mercaderías circularan sin estar sometidas a demasiados impuestos. Rechazaron, en suma, los lazos de servidumbre que inmovilizaban al hombre dentro de la sociedad[184].

Su forma de pensar y sus intereses eran totalmente diversos de los existentes, de aquí que fuera formándose en las ciudades, desde muy pronto, un derecho también nuevo. Al principio, únicamente como elaboración de la práctica; pero pronto pasa también a ser dictado; una vez que, en 1183, por la paz de Constanza, se reconoció la autonomía directa de las ciudades del Norte y Centro de Italia dentro del Imperio, siendo sancionado su derecho consuetudinario y sus estatutos, había de progresar rápidamente y ser más activas las legislaciones locales.

Los textos más antiguos del nuevo derecho urbano escrito contienen únicamente normas consuetudinarias. El más antiguo conocido es el

---

[183] APARATO, Carmen; *op. cit*, página 60
[184] Ibidem.

Consuetudines de Génova, en 1056. La fuente más importante entre las de esta clase es el *Constitutum usus* de Pisa, redactado hacia 1161[185]. Del mismo modo, los llamados estatutos no sólo contienen derecho legal nuevo, sino que, con frecuencia, sancionan junto a él viejas costumbres, y en algunas ciudades encontramos, junto al derecho estatutario escrito, la reciente formulación por separado del consuetudinario.

En Milán, donde ya existía en 1170 derecho estatuido, se compuso en 1216 el *Líber Consuetudinum Mediolani*.[186] Inclusive, durante mucho tiempo, sigue siendo la costumbre fuente de derecho. Los derechos de las ciudades contenían predominantemente normas de derecho administrativo, procesal y penal; y es característico de todos considerar la vigilancia y protección del comercio cosa de la autoridad pública.

Pero también encontramos derecho mercantil propiamente dicho. Todo el Titulo XXXI, de ese *Liber Consuetudínum Mediolani*, que acabamos de citar, contiene derecho consuetudinario mercantil, y es significativo que los juristas a quienes se encargó hacer la compilación de las normas consuetudinarias prefiriesen llamar a comerciantes para que les ayudasen en su trabajo: la formación del derecho mercantil no correspondía propiamente a la ciudad como entidad de derecho público, sino a los comerciantes como tales[187].

Lo mismo acontece con el *Liber Statorum Civitatis Ragusii compositus anno 1272* de la ciudad de Dubrovnik (Ragusa) de 1272, dividido en ocho Libros, abarcando todo el derecho vigente de la época, cuyo Libro VII está íntegramente dedicado al derecho marítimo, el contrato de transporte y fletamento y la avería, ademas de algunas disposiciones mercantiles dispersas, como las modalidades de las arras, y tres formas de sociedades marítimas comerciales: la colegancia, la rogancia y la entega que es un instituto que conoce únicamente el Derecho marítimo de Dubrovnik[188].

---

[185] ASCARELLI, Tullio; *op. cit.*, página 35.

[186] Puede verse: BERLAN, Francesco, *Le due edizioni milanese e torinese della Consuetudini di Milano dell'anno 1215, cenni ed appunti*, Venice, 1872) ; BERLAN, Francesco, *Liber consuetudinum Mediolani anni 1216*, (Milan, 1866); BESTA, Enrico y BARNI, Gian Luigi, *Liber Consuetudinum Mediolani Anni MCCXVI, Nuova Edizione Interamente Rifatta*, Dott. A. Giuffre Editore, 1949, entre otros.

[187] REHME, Paul; *op. cit.*, página 66.

[188] La *Colegancia* es un contrato de sociedad comercial entre ciudadanos de Dubrovnik solamente que vincula a dos personas: una entrega el dinero o la mercadería a otra que las recibe, navega y comercializa con ellas. El riesgo y la participación en las ganancias y pérdidas dependen de si el buque navega por el Adriático o si salió de él sin consentimiento del propietario de las cosas transportadas. Semejante a la colegancia es la *rogancia*, pero mientras en la colegancia el objeto del contrato es la obtención de ganancia, en la rogancia una persona da las cosas a la otra para que ésta las entregue a la tercera persona. La *entega* es un instituto que conoce únicamente el Derecho marítimo de Dubrovnik ya que los otros Estatutos de las ciudades de la costa adriática no lo mencionan. Se trata de invertir dinero y mercaderías y en este negocio intervienen el propietario del buque, los marineros con su trabajo y el capitalista. Los valores entregados corren a riesgo de sus propietarios y el reparto de las ganancias de este negocio, depende una vez mas de si el buque navega en el Adriático o fuera de él. El original de este Estatuto

En España si bien los fueros municipales[189] no prestaron la especial consideración al derecho mercantil de las ciudades italianas, merece destacarse que el Fuero Real[190] contiene dos leyes (las del Título XXIII del Libro IV) referentes al comercio maritimo[191]. Más abundante es la materia de derecho mercantil en las Partidas (Partida 5ª, Títulos 7, 8, 9 y 10)[192]. Allí se trata sobre los mercaderes, ferias y mercados, de los armadores de los navíos y de las compañías que hacen los mercaderes y los otros hombres entre sí "para poder ganar algo más de ligero *avuntando su auer en uno"*[193].

Como medidas protectoras del comercio son dignas de mención las contenidas en el Privilegio de 1281 en que se prohibió, aunque con ciertas limitaciones, el embargo de mercaderías se permitió la libre exportación de géneros hasta un valor igual al de los importados, si éstos habían pagado derechos de aduanas, y se mandó que los mercaderes no fueran puestos en prisión por falta de pago del diezmo o portazgo.

En Alemania, acontece algo similar ya que en los estatutos las

---

está perdido, pero existen copias manuscritas en latín que fueron por primera vez editados en forma impresa también en latín, recién en 1904 en Zagreb. Con anterioridad a la misma fue editado parte del libro VII, también en latín, en 1882 por G. Gelcich en Trieste. Al croata fue traducido en 1972 por Zdravko Šundrica, pero sólo el mencionado Libro VII, al cumplirse 700 años de la codificación. El Estatuto entero fue traducido al croata recièn en 1990 por Mate Križman y Josip Kolanović y la traducción al español de este Libro VII de Božidar Latković, publicada en 2000, fue la primera traducción del Estatuto a una lengua moderna no croata. LATKOVIĆ, Božidar; "Estatuto de Dubrovnik del año 1272. Derecho marítimo medieval de Dubrovnik", *Studia Croatica, Revista de Estudios Políticos y Culturales*, Año XLI, número 142, Buenos Aires, 2000.

[189] En España los derechos particulares eran los fueros, o sea las costumbres y las concesiones o privilegios otorgados a la nobleza y a los municipios. CIURO CALDANI, Miguel Angel, *Perspectivas .....*, página 147.

[190] Compilación efectuada por el rey castellano Alfonso X, el Sabio entre 1252-1255, especialmente abierto al derecho canónico y al derecho romano justinianeo.

[191] La primera de ellas ordena que las cosas perdidas en el mar por naufragio u otro accidente, si pudiesen recogerse, se depositen y guarden para ser entregadas a sus dueños. La segunda dispone que si los que van en el navío se vieran en peligro y acordasen echar al mar algunas cosas para aliviar el barco de peso y las cosas arrojadas no viniesen a puerto, todos los que fueren en el navío estarán obligados a sufragar la pérdida, cada uno según lo que fletare, y los que nada llevaren nada tendrán que pagar'. MINGUIJÓN, Salvador, *op. cit.*, página 173.

[192] El mayor monumento romanista español fue sin dudas el "Libro de las Leyes" —llamadas después las leyes de las "Siete Partidas" (o Partes")— de Alfonso X, el Sabio, de 1256 a 1265 Las Partidas se insertaron en la politica legislativa de centralización y de planificación jurídica en oposición al particularismo de los fueros locales, procurando nacionalizar el derecho común combinándolo con las tradiciones nacionales. CIURO CALDANI, Miguel Angel, *Perspectivas ....*, páginas 147 y 148.

[193] Se consignan las dos disposiciones del Fuero Real y se concede al capitán de la nave facultad de contratar el transporte de mercaderías. El que fleta su nave a otro debe pagar el daño de las mercaderías y de las otras cosas que se perdieren por su culpa. Los mayorales o capitanes tienen derecho a pedir a los cargadores indemnización por los daños que por efecto de la carga sufriere la nave. Son castigados los marineros que hagan naufragar las naves con el fin de apoderarse de las mercancías y los pescadores que en las costas pongan luces de noche para atraer las naves haciéndolas encallar. Se manda además que haya en los puertos y riberas del mar tribunales especiales que breve y llanamente decidan las cuestiones entre las personas dedícadas al comercio maritimo. MINGUIJÓN, Salvador, *op. cit.*, página 173.

normas de derecho mercantil figuran únicamente como declaraciones ocasionales, diseminadas entre las del derecho general, aunque al igual que Italia, muchas veces los estatutos no hacen otra cosa que "fijar" derecho consuetudinario más antiguo. De esos derechos municipales, citemos especialmente el de Lübeck, en sus varias formulaciones; el de Hamburgo de 1270 (revisado en 1292 y 1497); el de Augsburgo, redactado entre 1276 y 1281; el de Munich de 1347; y de las colecciones privadas de guildas y corporaciones, las círculo jurídico de Magdeburgo, principalmente el *Libro de derecho por distinciones*, la *Flor de Magdeburgo*, la *Compilación sistemática del derecho del tribunal de escabino*s, el *Antiguo Kulm*, las *Cuestiones magdeburguenses* y el *Libro de escabinos* de Danzig[194].

Y así como el antiguo derecho germano personal llegó a ser derecho territorial, el derecho del mercado pasó a ser derecho personal del comerciante, conociéndose con el nombre de *ius mercatorum* o *mercatorium* a ese derecho de clase convertido en *ius fori* del comerciante.

C. Las corporaciones

Las corporaciones de los que ejercían profesionalmente industria o comercio representaron un elemento esencial en la constitución de la ciudad. Las viejas corporaciones, cuya fundación se remontaba al tiempo del Imperio romano sobrevivieron en parte durante la alta Edad Media, particularmente en Inglaterra donde durante el siglo IX el término "*guild*" asumía el significado especifico de corporacion de comerciante[195], siendo incluso más antigua que la de oficios o guildas tutelares.

Con frecuencia, las corporaciones ("*guilda*","*curia*", "*ordo*", "*ars*", etc.) de las distintas clases profesionales, se reunían a su vez, formando una "curia" o corporación general. Hubo en Pisa cuatro corporaciones generales: "curia mercatorum" (que incluía 28 corporaciones), "curia marís" (la de los sindicatos del comercio marítimo), "ars lane" (la corporación de tejedores y pañeros) y la unión de las "siete artes" (*notarii, fabri, coriarii, tabernarii, caltholai, pelliparii, vinarii*). Junto con las de los notarios, gozaban de prestigio especial las corporaciones de mercaderes (llamadas, por regla general, "*mercadencia*", "*mercanzia*"), y entre éstas, sobre todo, las de los grandes comerciantes marítimos y armadores, y la de los banqueros ("*cambiatores*", "*campsores*", "*bancherii*", "*tabularii*", "*nummularii*")[196].

---

194 REHME, Paul; *op. cit.* páginas 104 y 105.
195 DHONT, Jan; *op. cit,* página 112.
196 REHME, Paul; *op. cit.,* página 67.

En Florencia, esta corporación general que reunía las cinco artes mayores fue conocida como la de Calimala, denominación esta que debe al tramo de la calle en que los miembros de la corporacion tenían sus tiendas dedicadas al comercio de telas extranjeras, la de la lana y de los paños de lana, la de Santa Maria (también orígínariamente del comercio de telas, y después, en el siglo xiv, de la seda), la del cambio, la de los médicos y boticarios (para el comercio de las drogas), siguiendo después, junto a las artes mayores, las menores (como la de los peleteros)[197].

1. Los estatutos de las corporaciones

Independientemente de la prolija disciplina interna de las corporaciones encaminada a evitar la competencia y la superproducción y dirigida a impedir a los no inscriptos el ejercicio de la actividad y que se coordina con la regulación de las relaciones entre maestros y aprendices, jornadas de trabajo, tutela del consumidor y técnicas para garantizar la calidad del producto, se establece una reglamentación que tiene por objeto la disciplina de los negocios mercantiles, es decir la mediación en el cambio[198].

Esta regulación, como vimos, tuvo origen esencialmente consuetudinario fundamentalmente en la costumbre del comerciante y por ello solo aplicables a éstos. Estas costumbres, redactadas por escrito fueron recogidas y desarrolladas en los estatutos de las ciudades, algunos de los cuales citamos, y luego desarrolladas en los estatutos o constituciones corporativas, que eran un reflejo del de la ciudad. A la cabeza estaban colocados los cónsules, junto a los cuales había funcionarios, una junta o consejo reducido, y uno amplio o asamblea, constituido generalmente por todos los miembros de la corporación. Las corporaciones gozaban de autonomía y de jurisdicción propia.

Desde el siglo XII, se hace mención de estatutos corporativos, pero compilaciones generales, relativas en especial a los colegios de mercaderes, no aparecen, hasta finales del siglo XIII y comienzos del XIV. A partir del siglo XV, van pareciéndose cada vez más a verdaderas codificaciones. Se conserva una gran cantidad de estatutos de estas corporaciones de comerciantes, y una parte de ellos han sido publicados[199].

---

[197] ASCARELLI, Tullio; *op. cit.*, página 33.

[198] ASCARELLI, Tullio; *op. cit.*, página 34.

[199] Puede verse: BARELLI, Giuseppe, Statuti di Pamparato, (Torino: Palazzo Carignano, 1965); Bergamo (Italia), Statuta magnificae civitatis Bergomi, (Bergomi, 1727 rpr Arnoldo Forni, 1981), BERLAN, Francesco, Statuti di Pistoia del secolo XII reintegrati, (Bologna, Presso Gartano Romagnoli 1882); BERTALDO, Jacopo, "Splendor venetorum civitatis consuetudinum," in F. Schupfer (ed.), Bibliotheca Iuridica Medii Aevi, vol 3., (Bologna. 1901); BETTO, Bianca, Gli statuti del comune di Treviso (sec. XIII-XIV), Roma: Fonti pe la storia d'Italia pubblicate dall'Istituto storico italiano per il Medio Evo 111, Nella

Pueden citarse, por ejemplo, entre los estatutos de la clase mercantil en general, de Florencia, los de los años 1309, 1312, 1320, 1324, 1393; de Pisa, el *Breve consulum mercatorum* de 1305; de Parma, los *Statuti dei mercanti* de 1215. Como estatutos de corporaciones determinadas, de Florencia, el de la *societas campsorum*, de 1299, y el del *arte di calimala*, de 1301[200]; de Pisa, el *Breve curae maris*, el estatuto del *arte della lana*, ambos de 1305[201] y el *Breve Mercatorum* de 1316; Piacenza, 1263; Brescia, 1313; Roma, 1318; Verona, 1318 y Milán 1341.

En el campo marítimo en particular, recordamos los ya citados Roles de Olerón de 1266, el *Breve curiae maris* de Pisa de 1305 y el Consulado del Mar de Barcelona del siglo XII a XIV y el Estatuto de Dubrovnik (Ragusa) de 1271. A ellos debemos agregar los *Capitulare nauticum* de Venecia de 1255, las *Tavole amalfitane*, -del siglo XI la parte latina culta y del siglo XIV la parte vulgar-, y los Ordenamientos de Trani del siglo XIV[202].

Como señalamos, en Italia, al igual que en los estatutos de las ciudades, aparece en los de las corporaciones, junto al nuevo derecho escrito, gran cantidad de antiguo derecho consuetudinario; y a veces, como ocurre, por ejemplo, en el *Liber consetudinum Mediolani*, se ordena expresamente recoger y fijar como derecho escrito la costumbre no escrita. La semejanza de los estatutos de las corporaciones con los de las ciudades es mayor cuanto más predomina en su contenido la materia administrativa y la procesal; pero en el transcurso del tiempo, junto a los preceptos y reglas de policía de los oficios, van apareciendo, cada vez en mayor número, disposiciones de derecho privado mercantil.

Como todas las normas de estos estatutos corporativos se aplican para los miembros o componentes de la unión, el derecho que contienen bien puede calificarse de derecho personal de los comerciantes: el derecho mercantil que se abre paso en esos estatutos tiene, por consiguiente, el carácter de un derecho profesional o de clase. El mismo carácter poseen las normas jurídico-mercantiles de los estatutos de las ciudades; y así sucede que esas normas figuren, por lo general, en una

---

sede dell'Istituto Palazzo Borromini. 1986); BONAINI, Francesco (ed.), Statuti inediti della citta di Pisa del XII al XIV secolo, (Florence, 1870); BONAINI, Francesco (ed.), Statuti inediti della citta di Pisa dal XII al XIV secolo = Statuta civitatis pisarum a saecolo XII ad XIV/raccolti ed illustrati per cura Francesco Bonaini, (Firenze: Tipografia Galileiana, 1852), Bonaldi, Ettore, Antica repubblica di Scalve: breve sintesi dell sua storia, delle sue leggi e costumi (Bergamo: C. Ferrari, c1982); Bortolami, Sante, Territorio e societa in un comune rurale veneto (sec. XI-XIII): Pernumia e i suoi statuti, (Venezia: Miscellanea di studi e memorie 18, Deputazione Editrice, 1978), Caggese, R., Statuti della Reppublica fiorentina. I: Capitano del popolo, 1322-1325; II: Podesta, 1325, (Florence, 1910-1921) y muchos otros algunos de los cuales se pueden consultar en http://www.the-orb.net/bibliographies/citylaw1.html

[200] Ascarelli lo denomina "del arte de la lana". ASCARELLI, Tullio; *op. cit.*, página 35.

[201] REHME, Paul; *op. cit.*, página 67.

[202] ASCARELLI, Tullio; *op. cit.*, página 35 y REHME, Paul; *op. cit.*, página 67.

parte especial del derecho escrito de la ciudad, en la que se regula el derecho de asociación[203].

2. La jurisdicción consular

Estas regulaciones son interpretadas y por lo tanto desarrolladas por los mismos comerciantes en la jurisdicción mercantil, de singular importancia en el desenvolvimiento del derecho consuetudinario del comercio. La jurisdicción de las corporaciones de mercaderes la ejercía el presidente de esta (*consules mercatorum*), con el concurso de escabinos.

Como jueces actuaban tanto juristas como legos. De secretario judicial servía un notario. Caracteriza a esta jurisdicción un procedimiento sumario peculiar. En un comienzo, su competencia estaba limitada a los asuntos de los que componían el gremio, las causas disciplinarias y las referentes a la policía del trabajo, pero luego la misma se extendió abarcando otras relaciones jurídicas.

Entraban también en ese fuero la totalidad de las relaciones de derecho privado entabladas entre los miembros (incluso, por ejemplo, las cuestiones concernientes a bienes inmuebles), así como las entabladas entre los miembros y los empleados en su negocio con un neto corte subjetivista ya que siguen en su aplicabilidad la competencia de la magistratura mercantil. El derecho mercantil se afirma, así como un derecho autónomo de clase profesional, fruto de la costumbre de los mercaderes, con una jurisdicción especial fundada en la autonomía corporativa de los comerciantes y por ello sólo aplicables a éstos según un criterio subjetivo[204].

En lo que hace especialmente a los tribunales de las corporaciones marítimas llamadas "*consulatus maris*" su importancia es muy grande ya que con su jurisprudencia se formaron compilaciones de preceptos de derecho marítimo; así en Venecia (*capítulare nauticum*, de 1255), en Amalfi (*tabula Amalfitana* de los siglos XIII y XIV), en Trani

---

[203] Idem, página 68.

[204] Nos apartamos aquí de REHME quien cree ver que fue desarrollándose la noción determinada por caracteres objetivos, de la causa mercantil del acto de comercio, el cual estaba sujeto a la jurisdicción profesional. "El terreno quedaba de este modo preparado", dice el autor, "gracias a la evolución de la jurisdicción de corporativa en comercial, para la transformación del derecho mercantil, que de un derecho de clase había de pasar a ser en su dia un derecho especial caracterizado por la materia". *Vid* REHME, Paul; *op. cit.*, páginas 68 y 69 (En igual sentido GARRIGUES, Joaquín; *op. cit.*, página 138). Pensamos que la corriente objetivista se acentuó recién con la consagración del Code de Commerce de 1807* y significó el abandono de la noción tradicional de derecho de los comerciantes para convertirse en derecho del acto de comercio. La burguesía en el gobierno imponía así las nociones de estatalidad del derecho y de igualdad a través de la ley, dejando de lado las perspectivas con que había desarrollado los orígenes de esta rama jurídica. *Vid* CIURO CALDANI, Miguel Angel, *Estudios ...*, páginas 98, 100 y 101 y ASCARELLI, Tullio; *op.cit.*, páginas 63 y siguientes. * Sancionado el 22 de septiembre de 1807, comenzó a regir el 1º de enero de 1808.

(probablemente en el siglo XIV), en Ancona (en 1397) y las ya referidas de Barcelona y La Rochelle. Por lo demás, debido a la importancia del comercio por mar, en el propio derecho estatuido de las ciudades (por ejemplo, en el genovés) se encuentren normas de derecho mercantil marítimo, así como en los estatutos de las corporaciones de armadores y navieros (por ejemplo, en la ya citada *breve curiae maris* de Pisa, de 1305)[205].

Además de los tribunales de las corporaciones, también consta la existencia de tribunales de la feria (por ejemplo, en Verona, Génova y Champagne), cuyos procedimientos y jurisdicción ya comentáramos en puntos anteriores y contribuyen a dar al derecho profesional de los comerciantes un carácter internacional uniforme[206].

3. Las fuentes

Como hemos visto repetidamente, también la costumbre era redactada y recogida en textos. Pero junto al derecho escrito, seguía conservando su vigencia una gran cantidad de derecho no escrito *(usus mercati, consuetudo mercatorus et mercantiae, usancia)*, el cual, muy a menudo, es sancionado expresamente en los derechos municipales y en los estatutos de los gremios. De aquí que las fuentes de conocimiento de la constumbre no escrita, posean tan excepcional importancia en el derecho mercantil.

Además de la costumbre, las sentencias judiciales (jurisprudencia) de los tribunales consulares, son fuentes mercantiles, los documentos notariales y los libros de los comerciantes. Acerca de los primeros, advirtamos que no se exigía por regla general documento escrito para la conclusión de los contratos mercantiles pero este modo de contratación era el generalmente usado[207].

La enorme cantidad de imbreviaturas en los *"notularia"* de los distintos notarios que nos han llegado y de los cuales sólo una pequeña parte se han publicado parece probarlo. Libros de comerciantes se han conservado en gran número, y hay fragmentos que se remontan incluso hasta el siglo XIII[208].

---

205 REHME, Paul; *op. cit.*, páginas 68 y 69.

206 El más antiguo de los tratadistas italianos, el anconitano Benvenuto Stracca llamará al derecho mercantil *"jus gentium"*. A su carácter internacional aludriá en el siglo XVIII Lord Mansfield, el padre del derecho mercantil inglés. ASCARELLI, Tullio; *op. cit.*, página 36.

207 Así lo prueban, además, el gran número de notarios en ejercicio en Italia. En Génova, hacia la mitad del siglo XIII, había 200; en Pisa, hacia 1292, cerca de 230, y en Milán, a fines del mismo siglo, de 400 a 500.

208 RHEME, Paul, *op. cit*, pagina 70, LE GOFF, Jacques, *op cit.* página 37 y CRUMP, C.G. (dir) Universidad de Oxford, *El legado de la Edad Media*, Pegasso, Madrid, 1950, páginas 400 y siguientes.

VI. Visión axiológica de la Edad Media[209]

La Edad Media, sobre todo en su primer período, significó una relativa "fractura" entre el ser y el deber ser. El ser se imponía a los hombres mediante las distribuciones, pero a su vez el deber ser se refugiaba y se consolidaba fundamentalmente en la vida monacal. Por esto no había lugar para la justicia y el deber ser se expresaba de manera predominante en una versión, en un comienzo, preferentemente "abstencionista" de la santidad.

En esta etapa de la Edad Media se observa, como en ningún otro período histórico, una frecuente arrogación del material estimativo de casi todos los valores por la santidad, que así se subvertía también contra el valor humanidad, pero es más grave todavía que el poder, con la frontera casi única de la santidad, se ubicaba a considerable distancia (aunque a veces desbordándose por contenerlo), se arrogaba el material estimativo de los valores de su mismo nivel y se subvertía contra los superiores. Esto cede con la incorporación de la utilidad en el segundo período medieval, la baja Edad Media.

La justicia medieval tiene fuerte referencia consensual verificada por ejemplo en el feudalismo, pero es en realidad predominantemente extraconsensual. Además es con consideración de personas, simétrica, debido al limitado papel reconocido al dinero y el rechazo por ejemplo del préstamo a interés y dialogal a través de las "razones" del Estado, la Iglesia y las corporaciones.

Asimismo es a la vez "partial" y sectorial" (como lo evidencian el feudalismo y las corporaciones), de significativa participación (a traves de las comunidades y de la caridad) y absoluta, ya que pretende importantes proyecciones generales.

El régimen feudal significó una pretensión de legitimar como repartidores autónomos a los señores feudales que en realidad eran repartidores "antiautónomos".

La servidumbre, los despojos y los tributos que se imponían y los frecuentes desbordes de las penas son aspectos negativos de la justicia del objeto del reparto; pero también hubo otros objetos repartideros, como la comunidad de ciertos bienes y la práctica de la caridad.

Pese a su riesgoso carácter humanista intervencionista paternalista, el derecho común servía más a la igualdad, en tanto que los derechos particulares expresaban más la unicidad de los individuos.

Aunque el derecho estaba relativamente sometido a la política religiosa, a través de los fueros, costumbres y estatutos y de las

---

[209] Ciuro Caldani, Miguel Angel; *Perspectivas ....*, páginas 155 a 157.

discordias entre el Imperio y la Iglesia, comenzó a ponerse en marcha cierto amparo contra el régimen, en cambio, poco fue lo que se logró e incluso se pretendió hacer en el amparo frente a "lo demás"[210].

[210] Ibidem

CAPITULO III
LAS INSTITUCIONES JURIDICO MERCANTILES

I. La expansión monetaria y las inversiones

En el siglo XI aumenta la circulación de moneda aún en los medios rurales. Se acrecienta el stock de metales preciosos proveniente de las regiones musulmanas y bizantinas, del descubrimiento de minas de plata en Germania y de los botines obtenidos por los señores feudales en Oriente a raíz de las Cruzadas.

Hay, sin embargo, factores negativos que dificultan la expansión monetaria. El hecho de que los señores acuñaran moneda no solamente perjudicaba la calidad de ésta, sino que hubo tal variedad que existía tanta disparidad que el intercambio se hacía bastante dificultoso. Cuando la centralización del poder real se afirme, los monarcas lucharán contra la multiplicación de monedas y contra su alteración en provecho de los señores feudales.

La activación de los intercambios hizo necesaria la acuñación de monedas de oro. En 1232 el emperador Federico II emitió en el reino de Sicilia los *augustales*, Florencia acuñó los primeros *florines* y Venecia sus *ducados*. Poco a poco todo el Occidente siguió el ejemplo italiano.

El aumento del volumen de los signos monetarios, la constitución de fortunas burguesas y la expansión de los negocios demostraban sin ninguna duda la formación de capitales e inversiones crecientes. Las inversiones en la industria textil exigían la compra de materias primas y de máquinas con capitales provenientes de los beneficios del mismo negocio o de las explotaciones rurales. Si bien la industria textil fue una de las primeras beneficiadas, las inversiones en otras ramas de la industria (metalúrgica, trabajo del cuero, etc.) y del comercio no tardarán en hacerse frecuentes.

II. El Hansa

El principal centro de desenvolvimiento mercantil del norte de Europa fue el Hansa Teutónica, que se desarrolló plenamente en el siglo XIII. Los alemanes difundieron sus puestos de comercio en el mar del Norte, Inglaterra e incluso los Países Bajos. En este siglo aparecieron y se multiplicaron en la zona del mar del Norte mercaderes procedentes del Lübeck y de los puertos del Báltico como Elbíng y Ríga

Estos comerciantes formaron hansas, agrupaciones destinadas a operar en el extranjero que limitaban el número de comerciantes y organizaban el tráfico en su provecho exclusivo. Existían tres hansas importantes: la de Colonia, la de Hamburgo y la de Lübeck, que se fusionaron en 1281 y constituyeron el Hansa Teutónica o Liga Hanseática, junto a las de Söst, Meckleburg, Pomerania, Magdeburg y Danzig, todas ligas del Norte. Luego se unieron hansas de casi toda Alemania: Strasburg, Basel, Nüremberg, Augsburg, München y Breslau.

Los comerciantes alemanes suplantaron a los escandinavos en el comercio con Rusia y se instalaron en la ciudad de Brujas, en los Países Bajos, convírtiéndola en un gran emporio comercial. Consiguieron privilegios importantes de los condes de Flandes que vimos, tales como garantías judiciales y reducciones de impuestos a la compraventa. El impulso comercial de los hanseáticos en los Países Bajos se produjo en la segunda mitad del siglo XIII y se relacionó con la decadencia del comercio activo de los propios flamencos, que fueron eliminados poco a poco del Báltico y del mar del Norte.

Las posibilidades comerciales de Brujas eran ilimitadas. Los alemanes afluían de todos lados para comprar las telas flamencas a cambio de productos agrícolas como el trigo de Prusia y Silesia, las pieles de Escandinavia, la miel, las maderas, el pescado seco y la cerveza de Rusia. Compraban además lana en Inglaterra y sal en las orillas del Loira. Todo este tráfico multiforme gravitaba en torno a Brujas, ubicada a mitad de camino entre el mar Báltico y el golfo y los mercaderes hanseáticos se encargaban de redistribuirías en Europa central por los ríos Weser, Elba, Oder y Vístula hasta las llanuras de Rusia y la ciudad de Novgorod[211].

Aunque el volúmen del comercio hanseático era mayor al del comercio mediterráneo, los capitales utilizados son mucho menos significativos por la clase de mercaderías comercializadas. Esa diferencia se advierte merced al contraste entre la técnica muy perfeccionada de los comerciantes italianos y la simplicidad de los negocios hanseáticos[212].

---

[211] APPRATO, Carmen; *Economía* .... página 35.
[212] PÍRENNE, Henri; *op. cit*, pagina 126.

El poder supremo de la Liga lo ejercían los consejos de las ciudades y las asambleas de los consejeros diputados de las ciudades miembros. Sus acuerdos fueron recogidos en compilaciones. Dentro del Hansa había uniones especiales con juntas propias para asuntos peculiares. Su obra en la evolución del derecho mercantil fue considerable. Cuando ese derecho no era costumbre no escrita (existe abundante material de sentencias y documentos), encontró manifestación en Ordenanzas. Una gran parte de ellas referidas al derecho marítimo fueron las recopiladas en Amsterdam en 1407 por parte del Hansa de Brujas que luego derivaron en el *wasserrecht* de Wisby ya referenciado.

III. El desarrollo del crédito

El impulso comercial dio a los hombres la idea clara de la productividad del capital mobiliario. A pesar de las prohibiciones de la Iglesia sobre el préstamo a interés, surgieron los primeros prestamistas, que no eran, como se creía antes, exclusivamente los judíos. Los agentes del crédito comercial fueron también burgueses de la cristiandad.

En Venecia desde el siglo XI, y aun desde el siglo X, los mercaderes ricos disponían de grandes cantidades de capital monetario que podían invertir en préstamos a interés. El crédito se desarrolló especialmente en los lugares donde la actividad comercial era más intensa: Italia (donde sobresalieron los lombrados) y los Países Bajos. En estas operaciones el interés era alto y a veces llegaba al 30 ó 40 por ciento[213].

IV. Bancos

Paralelamente al crédito se desarrolló la banca. En el mercado de cada ciudad, la actividad de los cambistas estuvo, en un comienzo, severamente controlada por los señores feudales quienes los obligaban, al menos en las operaciones de depósito, a determinadas prestaciones a favor del soberano y a constituír caución real. Pero la gran diversidad de monedas y valores hacia prácticamente indispensable la presencia del cambista que comenzó negociando en un banco de la plaza pública. Primero los *campsores* se dedicaron a la actividad de cambio, luego la de depósito y finalmente al pago, préstamos y transferencias o giros, propios o de otros banqueros.

El primer banco público de que se tiene conocimiento fue la *Taula de canvi* de Barcelona, creado el 30 de enero de 1401 y posteriormente, en 1408 el Banco de San Jorge de Génova y más tarde el Banco de San

---

213 APPRATO, Carmen; *Economía* .... página 33

Ambrosio de Milán, precursores de otros bancos jurídico-públicos como el Monte dei Paschi di Siena (1472), Banco de Rialto (Venezia) de 1587, Ámsterdam de 1609 e Inglaterra de 1649 que fue el primero con carácter de Banco Nacional[214].

El tráfico bancario, era ejercido en general por banqueros privados (y principalmente, por sociedades), sobre las mismas bases que se había preparado desde la Antigüedad. Aparte del cambio de moneda, la operación fundamental del comercio bancario es llevar el servicio de caja, en toda la extensión del término, de sus clientes: resguardos de depósito, apertura de cuenta de crédito, contrato de cuenta corriente, transferencias (con orden verbal o escrita: traslado y cheque), descuento y negocios de arbitraje, son formas usuales, así como las cartas de crédito, particularmente, de crédito general.

Consta con seguridad la existencia de la comisión. No es, como habitualmente se pretende, una derivación de la commenda, sino que fue siempre reconocida junto —y aparte— de ésta; y acaso, si se considera la evolución general del derecho, sea más antigua que la commenda. Fue designada ésta en Génova, a comienzos de la Edad Moderna, con el nombre técnico de "implícita". Más reciente que la comisión en sí, es la regulación peculiar de la comisión como profesión especialmente el derecho de retención y prenda legal (que existía con seguridad en él siglo XVI) en favor del comisionista[215].

V. La personalidad jurídica

A. Los glosadores

Al tiempo del "redescubrimiento" del *Corpus Iuris Civilis* de Justiniano, a fines del siglo XI, cuando en una biblioteca italiana surgió a la luz un manuscrito en latín con la compilación realizada cinco siglos atrás del derecho romano, este "libro caído del cielo" comenzó a ser estudiado, interpretado y comentado.

El primero en hacer esto con el Digesto fue Irnerio (Werner o Warnerius)-*la lucerna* (candil) *iuris*-, allá por los años 1113 y 1118 a quien le siguió Francisco Acursio (1185-1263) que compiló las glosas precedentes y agregó las propias en *Glosa magna, ordinaria o magistralis*. Con sus interpretaciones cada vez mas actualizantes y abiertas del *Corpus Iuris* dieron nueva vida al derecho común[216].

---

[214] GARRIGUES, Joaquín; *op. cit.*, página 72.
[215] REHME, Paul; *op. cit.*, pagina 66.
[216] CIURO CALDANI, Miguel Angel; *Perspectivas...* página 149 y *Estudios...*, página 97.

En un comienzo las glosas eran simples apostillas interlineales o marginales, por lo que no debe extrañarnos que no observaran a primera vista los principios que constituían el fondo de las construcciones romanas sobre la corporación y la personalidad. Además, el único procedimiento que utilizaban era el estudio directo y exclusivo de los textos del *Corpus iuris civilis* y según hemos visto estos no dan acerca de las *universitas*[217] sino nociones bastante vagas e incompletas ya que las ficciones, como las excepciones y otras construcciones fueron recursos incorporados por el pretor para adaptar el derecho.

Entonces los glosadores se limitaron a la descripción exterior de la corporación sin analizar a fondo su naturaleza. Recogieron la alegoría romana del *corpus*, comparando los miembros de la corporación a los del cuerpo humano y por ello dijeron que los derechos de la *universitas* no son los de sus miembros, pero el nombre y la idea de la personalidad jurídica tanto como la elaboración de una teoría sobre ella le fueron en principio extraños[218].

Al igual que en Roma, para los glosadores de la Edad Media la *universitas* no difería en cuanto a su naturaleza, de la suma de los individuos que la formaban, ni vieron tampoco diferencias entre las nociones de persona jurídica e indivisión[219].

Las comunidades del antiguo derecho altomedieval (*societas ad unum panen*, guildas y hansas, corporaciones de artes y oficios y sociedades secretas) no estaban erigidas en personas independientes y el patrimonio colectivo no estaba separado de la personalidad real y activa de aquellos a quienes pertenecía. La glosa misma decía que *"universitas nihil aliud est nisi singuli homines qui ibi sunt"*[220].

La máxima *quod universitatis est non est singulorum* se interpretaba por los glosadores como que lo que es de todos no es de cada uno y de esta suerte declararon que *singulorum* se refería no al conjunto de los miembros *ut singuli* sino a cada uno en particular[221].

Al haber identidad entre la *universitas* y el conjunto de los miembros que la componen, los actos de estos últimos son los actos de la *universitas* y sus voluntades constituyen la voluntad misma de la *universitas*. Como no ignoraron la figura de la corporación como la unidad de miembros

---

[217] Este es el nombre genérico con el que los glosadores designan a las agrupaciones; cfr. Pillius (m. 1207), *Summa Codicis* 11, 17, número 1 "collegium ... quod generali sermone universitas apellatur" o Quaestiones, Colonia, 1570 en Mestre, Aquiles; *op. cit.*, página 67.

[218] Glosa a la Ley única, Codex, 11, 14 Vº *Corporatis*: "corporatus dicitur qui in corpore aliquo scribitur proprie, sicut quodlibet membrum hominis corporatum dicitur, et civis factus vel incola" citada en Mestre, Aquiles; *op. cit.*, página 68.

[219] Gierke, Otto von; *op. cit.*, Tomo III, página 205.

[220] Glosa a la Ley 1 parágrafo 1 Digesto 47, 22.

[221] Mestre, Aquiles; *op. cit.*, página 70.

titulares de derechos, consideraron que era necesaria la existencia de un acto conjunto de los miembros de la *universitas* llevado a cabo por medio de la toma de decisión de todos ellos para prestar el consentimiento necesario a la realización de un acto jurídico.

La misma consideración le dieron al principio *universi consentire non possunt* que chocaba con el sistema de la identificación de la *universitas* con sus miembros. Sabido es que los glosadores parecen apoyarse en el derecho romano, pero no vacilan en interpretarlo abiertamente para ponerlo de acuerdo con sus propias deducciones, entonces, a continuación del brocardico expresado le glosaron (añadieron) *subandi hic facile vel commode*[222], por cuanto infirieron que los juristas romanos no podían haber entendido que la *universitas* era incapaz de prestar su consentimiento, sino que solo habían expresado la dificultad de obtenerlo[223].

Esta explicación satisfizo durante mucho tiempo a glosadores y también a postglosadores y se aplicó tanto a la capacidad de querer como a la de obrar[224]. No obstante, merced a ingeniosas ficciones que exigía el surgimiento de la creciente actividad mercantil, esa unanimidad de los miembros de la *universitas* necesaria conforme el rigor de los principios, fue sustituida por la simple mayoría que fue reputada como expresión de la voluntad misma de la *universitas*[225] de suerte tal que la toma de decisión de la mayoría era equiparada también con la acción de conjunto afectando a la corporación y a sus miembros[226] y posteriormente, el acto ejecutado por el representante, fue igualmente reputado como el acto mismo de la *univeritas*[227].

---

[222] Glosa a ley 1, parágrafo 22, Digesto 41, 2 V° *non possunt*. Cfr. también Glosa a Ley unica, Digesto, 38, 3, V° *non possunt*; a Ley 25, parágrafo 2, Digesto 29, 2 V° *adibit haereditatem*; AZÓN (m. 1230), *Summa Codicis*, 2, 20, número 12, PILLIUS, *Summa Codicis* 11, 29 número 12: "quamvis dicatur alibi quod universitas consentire non potest, illud enim non impossible, sed facti notat dificultatem". Los postglosadores continúan la glosa. Cfr. especialmente BELLEPERCHE (m. 1308), 1, 8, capítulo 1, 14: universitas potest consentire de difficili, sed facili non potest. PIERRE DE BELLEPERCHE, *Lectura super Codice*, París, 1519 y *Quaestiones aureae*, Lugdun, 1517.

[223] MESTRE, Aquiles; *op. cit.*, página 70 y 71.

[224] Glosa a Ley 15, parágrafo 1, Digesto 4, 3, V° facere possunt. "Scilicet nil facere, quia nec consentire facile possunt. Sed tamen possunt cum difficultate, quia videbuntur omnes facere quod consilium facit vel major pars. Haec autem interrogatio (quid municipes dolo facere possunt?) raritatem, non impossibilitatem notat", Glosa a ley 9, parágrafo 1, Digesto 4, 2 V° Collegium: *"Supple facile"*, Glosa a ley 6 parágrafo 4, Digesto 36, 1, V° *Restituere*, PILLIUS, *Summa Codicis* 11, 29, número 12 y AZÓN, *op. cit.*, 2, 20, número 12 en la *Summa aurea*, Ginebra, 1596. (Ver en Gierke el libro correcto)

[225] Glosa a Ley 160, parágrafo 1, Digesto 50, 17, V° refertur inf. "Ideo autem sic fingit, haec lex quia non possunt omnes consentire facile". Glosa a ley 9, parágrafo 1, Digesto 4, 2, V° Collegium: "Non tota sed pars scilicet major: quod perinde erit ac si tota". BULGARUS (m. 1166) a la Ley 160, parágrafo 1, Digesto 50, 17. PILLIUS, *op. cit.* 10, 46, número 2.

[226] GIERKE, Otto von; *op. cit.*, Tomo III, página 344.

[227] HUGOLINUS (m. hacia 1233) en sus *Dissentiones Dominorum*, parágrafo 75 Editorial Haenel, 1834, página 318: nam quod universitas vel major pars vel illi qui a majore parte universitatis electi sunt,

B. Los postglosadores

A finales del siglo XIII se desarrolló la Escuela de los Postglosadores originada en Orleáns (*Ultramontani*)[228] porque el método de trabajo que utilizaron siguió, con matices, el elaborado por los Glosadores. Recibieron también el nombre de "comentaristas" porque el género literario que utilizaron para la exposición del derecho justinianeo fueron los *"commentaria"*.

Completaron el trabajo de los glosadores con una actividad dictaminadora consultiva y "practica" (también así se los denomina) y fueron sistematizando cada vez más la multitud de derechos particulares no romanos y mediante ellos el ideal del derecho natural de la cristiandad de occidente -el Derecho Romano- se tornó realidad. Generalmente eran nombrados árbitros y de allí que tambien se los conoce como "conciliadores" puesto que elaboraban dictámenes llamados *consilia*.

Los post-glosadores, abordaron los textos romanos con mayor libertad que sus antecesores ya que no se proponían explicar la letra de la ley sino indagar la razón de ser de la misma (*ratio legis*). Tendieron a una nueva ordenación de la materia comercial y a la formación de conceptos jurpidico mercantiles generales más abstractos[229].

VI. Sociedades comerciales

El desarrollo de estas actividades impulsó las asociaciones. Fueron las *guildas* y las *hansas* las primeras que asumieron la forma de ayuda y de protección mutua.

Luego, a partir de los siglos XII y XIII, surgieron en las grandes ciudades italianas las compañías o sociedades de comerciantes, sociedades en comandita o sociedades propiamente dichas. Se dedicaron no sólo al comercio, sino también a la industrialización de la lana dando al derecho societario un espléndido desarrollo.

A. Colonna marítima

La *nauticum foenus* del derecho del mar pseudo-ródico y la Lex Rodhia de jactu, ya citada, la comunidad en ganancias y pérdidas de todos los interesados en la travesía parece revivir en la "colonna"

---

faciunt, *perinde est* ac si tota universitas faceret. ROFFREDUS (m. 1210) *Quaestiones sabbalthinae*, 27, Argentor, 1502; citados todos por MESTRE, Aquiles; *op. cit.*, página 71.

[228] Llamados así en referencia a los Alpes que los separan a Italia.

[229] CIURO CALDANI; *Estudios...*, p. 87.

italiana, ampliamente reglamentada en la *"Tábula Amalfitana"*, y la misma relación es la que encontramos en la "comú" del Consolat del mar de Barcelona y en el "commune" (*"navigatio in commune"*) de una ley de Jaime I de Aragón, del año 1258.

El buque es con frecuencia propiedad de varias personas. Estas constituyen propiamente una sociedad, que a falta de un nombre peculiar en las fuentes podemos llamar condominio naval o armamento en común, y está regulada por gran cantidad de normas especiales.

B. Commenda

Pero entre todas las sociedades, el papel más importante corresponde a la "commenda" o "encomienda", la sociedad entre 'un capitalista, que aporta mercaderías, el dinero o el barco ("commendator", "socius stans") y un "tratante" o portador ("commendatarius", "tractator, portator", "portitor") que pone en movimiento o "hace trabajar" al capital, portat laborum, como en forma típica dicen las fuentes, con vistas a obtener una parte de la ganancia[230].

Mientras la "colonna", en todo tiempo, estuvo limitada a las empresas marítimas, se utiliza la commenda en el comercio interior, y hasta incluso en la explotación local. La opinión dominante se inclina a admitir que, en un principio, no existió más que la commenda marítima, y que la interior no surgió hasta más tarde, pues la simultaneidad de su origen no corresponde, ni a las noticias de los documentos ni al sentido general del proceso histórico.

La commenda es una institución jurídica universal, como vimos al analizar los derechos de Roma, Grecia, Rodas y su posible recepción fenicia. Esto se explica por la simplicidad de su fundamento económico: la asociación de capital y trabajo. En no pocos pueblos, la encontramos primero en el comercio terrestre interior. Por lo que a la commenda mediterránea se refiere, tiene desde luego raíces autóctonas, ya que no se trata de una "recepción" por ejemplo de la commenda musulmana, ya que esta figura es la que la habían tomado de la Antigüedad romana, y durante ésta sí que es indudable que la institución estaba limitada al comercio del mar.

Lo que si puede asegurarse, es que aparece en un principio como comunidad con vistas a un viaje[231]. La encontramos en los pueblos que

---

[230] REHME, Paul; *op. cit*, página 82.

[231] El texto de uno de esos contratos, celebrado en Génova el 29 de setiembre de 1163 es acercado por LE GOFF y puede llerse lo siguiente: "Testigos: Simone Bucuccio, Ogerio, Peloso, Ribaldo di Sauro y Genoardo Tosca Stabíle y Ansaldo Garraton formaron una soci*etas* en la cual, según sus declaraciones, Stabíle aportó una contibución de 55 liras, y Ansaldo, de 44 liras. Ansaldo se lleva este capital, para

nos ocupan, al comienzo, como una sociedad ocasional, o para un negocio concreto, y únicamente más tarde, como instrumento de una profesión. Adopta dos formas: en la primera, sólo el "commendator" aporta capital; en la otra, también el "tractator", desde luego, por regla general, en cantidad más reducida que aquel.

Muchos han sostenido la opinión que, si bien aisladamente, que, de las dos formas, es más antigua la segunda[232]. Ambas clases aparecen bajo los nombres "commenda" ('commanda') o "societas". Pero la expresión "commenda" suele reservarse para el primer tipo; el término "societas", para el segundo; o también se designan, aquél como "accomendatio", (con aporte unilateral de capital) y ésta, como "collegantia" (aportes de ambas partes). Podemos, pues, llamar al primero, commenda en sentido propio. Una cosa es desde luego cierta: que en ambas relaciones se trata de sociedades cuando menos, en la acepción del derecho de la época[233].

C. Compagnia

Mucho después que la commenda, en la cual se encuentra el germen de nuestra sociedad comanditaria y de la sociedad de hecho de hoy, aparece otro tipo de sociedad, que corresponde a nuestra actual sociedad colectiva, y que las fuentes denominan por lo común "compagnia". La institución no alcanza contornos netos hasta la baja Edad Media. Desde el comienzo es una sociedad profesional o una sociedad de profesionales aunque su evolución no nos es conocida del todo. Pero se sabe que sus raíces las tenía sobre todo en las uniones familiares (la economía doméstica de los miembros de la familia), como ya parece indicar su nombre *societas ad unum panen*, (sociedad doméstica), y es muy probable que en su formación se dejara sentir el influjo de aquellas otras sociedades mercantiles más antiguas. A su desarrollo han contribuido, en forma decisiva, ideas jurídicas germánicas, sin que haya por eso que referirla exclusivamente a ellas[234].

---

hacerlo fructificar, a Túnez o a cualquier parte adonde vaya el navío que él va a tomar: el navío de Baldízzone Grasso y de Giraldo A su vuelta, entregará los beneficios a Stabíle o a un representante de él, para que los reparta Deducído el capital, dívídirá los beneficios a medias. Dado en la casa del Cabildo, el 29 de septiembre de 1163. Además, Stabile autoriza a Ansaldo a enviar el dinero a Génova por el barco que éste ultimo disponga". LE GOFF, Jacques; *Mercaderes y ....*, página 24.

[232] Puede verse al respecto; MENDEZ SARMIENTO, Emilio A., *"Síntesis histórica de la evolución de las sociedades y el fenómeno de la concentración de empresas"*, La Ley, 1978 -D, página 1190, BRUNETTI, Antonio, *"Tratado de Derecho de las sociedades"*, U.T.H.E.A., Buenos Aires, 1960, Tomo II, página 314.

[233] REHME, Paul; *op. cit*, página 83.

[234] Ibídem.

D. Maonas

Desde muy pronto, recurren los Estados italianos a empréstitos. Entre los acreedores no existe, en un principio, sino una comunidad de intereses. Pero con el tiempo fueron surgiendo multitud de asociaciones, llamadas *societas comperarum*, montes, "maonae", a 1as cuales; para cubrir los créditos por capital e intereses, se arriendan las rentas públicas; especialmente se les concede la explotación de las colonias del Estado.

Los autores, en su mayoría, consideran esas asociaciones como la forma mas antigua de la sociedad por acciones. Sociedad anónima fue sin duda el mencionado Banco de San Jorge de Génova, cuya creación en 1408, se debe al hecho de que, después de una consolidación de diferentes títulos de la deuda pública, realizada en 1407, la unión de acreedores, organizada corporativamente, quedo convertida en institución bancaria; el capital básico, aportado proporcionalmente se fraccionó en porciones enajenables y transmisibles por herencia, y sus poseedores tenían derecho a participar en las ganancias y a intervenir en la administración corporativa[235].

El Banco de San Jorge existía aún en los primeros años del siglo XX, hasta la I Guerra Mundial. De él tomó modelo, a fines del siglo XVI, el Banco de San Ambrosio de Milán, conocido como agente del Estado Vaticano y el Monte dei Paschi di Siena, recientemente condenado al pago de indemnizaciones con motivo del default argentino[236].

VII. Titulos de crédito

A. Pagaré cambiario (*cambiale propria*)

El contrato de cambio se reconoce que ha debido existir en todo tiempo, como vimos en el transcurso de la evolución histórica, pero se niega por lo general a la letra de cambio y al pagaré, existencia anterior a la Edad Media, dividiéndose la opinión de los autores en cuanto a la época y el lugar de su aparición.

Si bien en el derecho consuetudinario germano la cláusula *Wechsel* comprendía tanto la letra (*Wechsel*) como el pagaré (*Wechselbrief*), es decir que abarcaba las dos especies de cambio conocidas hoy, es en Italia -en la época que nos ocupa actualmente- donde nace la letra de cambio del modo que hoy la conocemos y también el pagaré, que según recientes

---

[235] Ibidem
[236] Diario LA NACIÓN, Buenos Aires, viernes 4 de febrero de 2005.

estudios habría precedido a la primera como título cambiario primigenio[237].

Como señalamos en varias oportunidades a lo largo de este trabajo, el fundamento y la finalidad de los documentos en los cuales se reconocen los antecedentes históricos del pagaré y la letra de cambio, radican en la necesidad de hacer pagos en el extranjero sin grandes gastos y con la mayor disminución en los riesgos que el transporte de numerario importaba en una época en que las comunicaciones, de diversa índole, eran difíciles e implicaban un riesgo palpable.

Debido a esas necesidades, los banqueros (*campsores*) italianos se vieron precisados contribuyendo con sus gestiones, diligencias y demás actividades concernientes a su actividad lucrativa, a la formación de un derecho propio relativo a la *lettera cambi*, distinto de los demás documentos positivos conocidos hasta el momento.

Estos cambistas (o comerciantes o banqueros) efectúan primeramente el cambio manual de monedas. Más tarde reciben dinero contante, pero no entregan a cambio dinero contante sino que prometen abonar el equivalente en otro lugar geográfico y en las monedas en curso en aquel lugar, donde ellos tienen alguna sucursal o persona relacionada con los negocios.

Ello es así, porque junto al cambio real de unas monedas por otras (*cambium manuale, minutum, purum, sine literis*), existió y tomó gran vuelo el cambio trayecticio, es decir, la promesa de remisión de fondos a distancia (*cambium impurum, cum charta, per literas*)[238].

Es precisamente en esta especie de cambio real el tipo de contratación que al tener por objeto entregar fondos en un lugar por valores o dinero recibidos en un lugar distinto y distante, en el cual se expedía a quien entregaba la suma una orden escrita dirigida a aquel que debía efectuar el pago (*"Schedula cambiaria"*). El primer antecedente de ese documento privado de naturaleza notarial se remonta al año 1155, según las constancias del protocolo de un notario de Génova[239].

Posteriormente, es usado como documento exclusivamente privado sin inclusión notarial por el cual unos estudiantes provenzales que concurrían al célebre *Studium Bolognese* atendían sus necesidades

---

[237] ASCARELLI, Tullio, *op. cit.*; páginas 40 y siguientes; GARRIGUES, Joaquín, *op. cit.*, páginas 144 y siguientes; GÓMEZ LEO, Osvaldo; "Estudio sobre el pagaré cambiario: título cambiario primigenio", en *La Ley*, Buenos Aires, 19 de febrero de 2001.

[238] Ibídem

[239] El nombre del notario es Giovani Scriba. Cfr. CHIAUDANO, M. y MORENO, M.; *Il cartulare di Giovanni Scriba*, donde se lo puede consultar, citado en GÓMEZ LEO, Osvaldo; *op.cit.*

financieras haciéndose dar en Bolonia sumas de dinero que se obligaban a restituír en valor equivalente *in nundinis Provinci proximis*[240].

Ese documento, notarial o privado, revestía la forma de un simple pagaré con una doble cláusula a la orden, es por ello que fundamentada doctrina sostiene que el pagaré es el título primigenio que precede a la letra de cambio[241].

A la luz de esos antecedentes históricos, se puede afirmar, que de un lado el cambista (banquero o comerciante) que suscribe, libra y emite el documento cambiario se obliga, o bien a pagar él mismo en la plaza extranjera, o bien a pagar por medio de su compañero (o agente o representante) de negocios (cláusula a la orden pasiva: *solvere promito per me vel per nuntium meum*). De otro lado, ese librador del documento se obliga a pagar a la propia persona quien recibe el dinero (remitente) o a su mandatario (cláusula a la orden activa: *tibi vel nuntio túo*), con lo cual hace posible al remitente disponer del dinero a favor de la persona con la que luego contrate en la plaza extranjera. A lo que se debe agregar que ese documento, en donde se ha visto el antecedente del pagaré cambiario, contiene una cláusula de valuta (valor recibido) la cual permite al remitente repetir contra el banquero si no obtuvo el pago de la persona designada en el pagaré[242].

Es decir que, hallamos un documento que contiene una promesa o reconocimiento de deuda con mención de la causa, que contiene dos cláusulas fundamentales: la cláusula de valor (o valuta o recibí) que hace mención a la cantidad de dinero o valores que el cliente entregó al banquero, que emite el pagaré y la promesa de pago devolución de dicho importe que efectúa el librador, a favor del cliente (o tomador o beneficiario) del pagaré[243].

---

[240] ASCARELLI, Tullio; *op. cit.*, página 40 recoge como fuente al *Rolandino dei Passeggeri*. A su vez, SANCHEZ ANDRÉS, A; "Marco histórico comparativo de la nueva disciplina sobre la letra de cambio" en MENÉNDEZ Y MENÉNDEZ, A. (dir); *Derecho Cambiario*, Madrid, 1986, páginas 31 y siguientes cita como antecedente el modelo de *instrumenteum debiti ex casua cambii a scolaribus et clerici concracti* con el compromiso de pago en la próxima feria de Provin de la Champaña francesa de donde surge el modelo sin inclusión notarial. Cit. en GÓMEZ LEO, Osvaldo; *op.cit.*

[241] En efecto, a estar a la documentación consultada en la Oficina de las Memorias de Bologna, se suele llamar *promissio* (o sea reconocimiento de deuda) al acto del que emana la *confessio extra iuridicum*. Es decir mediante la *confessio*, hecha generalmente ante un notario, esto es, otorgada en un instrumento público, se manifiesta que se tiene una determinada deuda en dinero con una cierta persona, con la consiguiente promissio de pagarla en un cierto término. *Confessio* de un lado, *promissio* del otro lado, es el nombre que este instituto recibe, según la parte del acto que se mire y exponga. GÓMEZ LEO, Osvaldo; *op.cit.*

[242] Ello es lo que ocurre en la actualidad, cuando una persona libra un pagaré, de un lado efectúa una promesa de pago personal y directa del importe del título cambiario, de otro lado, efectúa una reconocimiento de deuda, pues la relación de valor o valuta, que tiene o tendrá el libramiento se presume. Cfr. GÓMEZ LEO, Osvaldo; *op.cit.*

[243] GÓMEZ LEO, Osvaldo; *op.cit.*

B. Letra de cambio (*cambiale tratta*)

Todos los antecedentes de la letra de cambio son posteriores a las fechas referidas al documento anterior, lo que hace pensar que aparece como un nuevo documento, que se entrega para la ejecución del primero[244], ya que no se encuentra ningún documento histórico o legal anterior al siglo XIII que se refiera a la letra de cambio propiamente dicha.

La letra más antigua de la que se tiene conocimiento es, en efecto, según la opinión general, una mencionada en Génova en 1207, pero más que ese documento se aproxima a la letra de cambio actual uno fechado en Milán, el 9 de marzo de 1395[245]. Por lo demás, un estatuto de Aviñón de 1243, contenía ya un párrafo intitulado *de Litteris Cambialis* y una ley de Venecia de 1272, manifiesta estar ya en uso por esa fecha en la República veneciana las letras de cambio[246].

El tercer texto legal conocido referente a éstas es un edicto publicado en 1394 por los magistrados de Barcelona, previniendo que toda letra se tendrá por aceptada si aquel a quien fuere presentada no manifestara dentro de veinticuatro horas su negativa; y el cuarto, del año 1404, es una comunicación de los burgomaestres, escabinos y cónsules de Brujas a los magistrados municipales de Barcelona acerca del uso que se hacía de las resacas. En Francia la primera ley que se refiere a las letras data de marzo

---

[244] Con el paso del tiempo, a esa promesa (*Wechselbrief* o carta de cambio), se le añade un segundo documento. El banquero, que no desea pagar personalmente, entrega al tomador un escrito dirigido a su corresponsal, en el cual le encarga que efectúe el pago. Es un mandato de pago dirigido en términos de ruego al corresponsal o agente del banquero, que ha de realizar el pago. Idem.

[245] Este documento dice: "Pagad por esta primera letra, a nueve días de octubre, a Lucas Goro, libras 45, son por el valor aquí depositado por Maffio Remmo al tiempo marcado, y lo ponéis a mi cuenta y que Dios os guarde". Cit. en MALAGARRIGA, Carlos; *op. cit.*, página 501. De fecha posterior una letra de cambio extraída de los archivos de Francesca di Marco Datini da Prato dice: "En el nombre dc Dios, el 18 de diciembre de 1399, pagaréis por esta primera letra "de uso" a Brunaccio di Guido y Cía. CCCCLXXII libras X céntimos de Barcelona, las cuales 472 libras 10 céntimos valederas 900 escudos a 10 céntimos 6 denarios por escudo me han sido pagadas aquí por Ricardo degli Alberti y Cía. Pagadlas en buena y debida forma y ponedlas a mi cuenta. Que Dios os guarde. Ghuiglielmo Barberi. Salut de Brujas"; y de otra mano: "Aceptada el 12 de enero de 1399" (debería ser 1400). En el dorso: "Francesco di Marco y Cía., en Barcelona. Primera" (es decir letra). LE GOFF, Jacques; *Mercaderes y ...*, página 35. El texto aclaratorio entre paréntesis es propio.

[246] CLAUDIO DE RUBIS, en su Histoire de la Ville de Lyon, atribuye la invención de la letra de cambio a los florentinos que expulsados de Italia por los guelfos se retiraron a Lyon y de ahí a Amsterdam y otras plazas mercantiles. Acoge esta opinión SAY, en su Curso de Economia Política y también DALLOZ. Contra ella ha observado NOUGUIER que la expulsión de los gibelinos tuvo lugar a fines del siglo XIV, época en la que no sólo existía la letra de cambio, sino que era ya objeto de disposiciones legislativas. También se ha sostenido que la letra fué invención de los judíos, que expulsados de Francia y refugiados en Lombardia, se valieron de ese medio para retirar el dinero y efectos que hablan dejado en aquel país, opinión que como la anterior THALLER califica de fantástica y en contra de la cual se ha hecho notar que deja una incertidumbre sobre más de seis siglos, desde el VII al XIV. MALAGARRIGA, Carlos; *op. cit.*, Tomo II, página 499.

de 1462, fecha de una ordenanza de Luis XI al respecto, si bien ya se las menciona en cartas patentes de FELIPE DE VAU del 8 de agosto de 1349[247].

Este nuevo documento, no contiene ninguna promesa de pago, porque está dirigido al obligado y no al acreedor; es en esas circunstancias históricas que nace la cambiale trata, que como segundo documento absorbe o se apropia la mención esencial del primero, es decir, la cláusula de valor o recibí[248].

Esta incorporación al segundo documento de la cláusula fundamental del primero produce dos consecuencias fundamentales en la génesis de la letra de cambio: a) sirve de fundamento a la responsabilidad del librador del documento (o *lettera de pagamento, lettera cambio o schedula cambiaria*) si el librado (o girado o exhortado) sujeto a quien el librador ha dado la orden de pagar, no paga, puesto que ha reconocido que recibió el dinero y, por tanto, su obligación de devolver encuentra en ello su fuente o razón de ser y b) hace innecesaria la presentación del pagaré, porque la promesa de pago se sobreentiende también en la cláusula de valor[249].

Por cuestiones estructurales y operativas del contrato de cambio, unido a diversas circunstancias históricas, económicas y políticas, como la censura eclesiástica a la usura[250], el pagaré fue quedando fuera de uso, como un documento que resultaba costoso, al requerir la intervención de un notario y superfluo, al ser sustituido, por el mandato de pago, que es el antecedente directo e inmediato de la letra de cambio, o más precisamente, de la *cambiale tratta*[251].

La gran demanda de letras intensificó su uso hasta el punto de que se crearon ferias dedicadas, no al tráfico de mercancías, sino al tráfico de letras (ferias de cambio), como la establecida en 1537 por los genoveses en Besangón bajo la protección del Emperador CARLOS V.

Es decir, del documento primigenio, que contenía la promesa directa e incondicional del sujeto que lo que emite: el cambista (banquero o comerciante), se pasa al mandato de pago dirigido por el emitente del

---

[247] Ibidem.

[248] Este mandato de pago, al principio, sólo sería para ejecutar el pagaré. Sin embargo, más adelante, el tomador de ese mandato de pago, adquiere un derecho independiente frente al librador de la delegación. GÓMEZ LEO, Osvaldo; *op.cit.*

[249] Ibidem.

[250] Como el derecho canónico prohibía la usura, la estipulación de intereses se ocultaba bajo la apariencia de una deuda comercial con la emisión de un título cambiario, conteniendo la obligación directa y personal del librador de pagar en el lugar de emisión una suma determinada a la orden del tomador. La Iglesia llamó a ese contrato de cambio, seco, muerto o adulterino para distinguirlo de la letra, prueba del contrato real de cambio y prohibiendo severamente al pagaré, admitiendo que se le opusiera la *exceptio usurariae pravitatis* por lo que cayó en desuso hasta que fue rescatado por el Code de Commerce de 1807 y reglamentado en él. MALAGARRIGA, Carlos; *op. cit.*, Tomo II, página 705.

[251] GÓMEZ LEO, Osvaldo; *op.cit.*

título (cambiale tratta) al librado (o a su corresponsal, agente o mandatario), de suerte tal que desde mediados del siglo XIII el contrato de cambio recibe ejecución por medio de un mandato de pago, y no ya una promesa de pago directa por el librador[252].

C. Cheque

No es facil determinar los orígenes del cheque debido a que las exigencias del tráfico han ido modificando los caracteres de ciertas figuras jurídicas y cambiando su fisonomía.

Se menciona en este sentido a los documentos conocidos como *madrefedi* y *polizze* del Banco di Nápoles y las *contado di banco* o *cedule di cartolario* de los institutos bancarios y de crédito de Milán, Venecia y Pisa, con los cuales los Bancos del siglo XII operaban ya en forma de compensación, como antecedentes del cheque.

También se ha sostenido que el origen de este instrumento de cambio hay que hallarlo en un uso comercial de Amberes, conocido con el nombre de *bewigs*, de donde habría pasado a Inglaterra, lugar en el que recibió su nombre actual, pero todo ello en la Edad Moderna[253].

VIII. Los libros de comercio y la contabilidad por partida doble

La práctica de los libros del comerciante que tiene antecedentes muy antiguos se perfila y perfecciona al introducirse los números árabes y, posteriormente, la llamada partida doble. Reciben el nombre de *libri computacionis* o en bajo alemán *schultboke*. Constituyen dichos libros una verdadera institución jurídica: existe el deber de llevarlos, y cuando se lo hace debidamente, tienen fuerza probatoria. Este principio en los comienzos no vale sino para los libros de los banqueros[254], pero que luego se generaliza a los comerciantes en general.

Aunque la partida simple nació con el comercio mismo, la partida doble es sin embargo una aportación medieval italiana y el método de Venecia era el mas celebrado y elogiado, aunque parece haber uso de la partida doble en Génova (1340) antes que en Venecia. El primer tratado conocido de partida doble compilado por el veneciano LUCA PACIOLI, se imprimió en 1494. Otros venecianos escribieron textos sobre la materia y los pueblos europeos en general se encontraron en condiciones de aprehenderlos y difundirlos en sus naciones lo que ocurrió a principios

---

[252] Ibidem.
[253] MALAGARRIGA, Carlos; *op. cit.*, Tomo II, página 724.
[254] REHME, Paul: *op. cit.*, página 79.

del siglo XVI cuando se generalizó su uso[255].

Se extendió la costumbre de hacer un presupuesto. Pronto todas las firmas poseyeron un doble juego de registros para las cuentas abiertas a sus corresponsales extranjeros; los ingresos en una columna, los egresos en la otra; el *compto nostro* y el *compto vostro*: la partida doble, una revolución de la contabilidad[256].

A. Los manuales de comercio

En ese mundo del comercio, cada vez más regulado y dinamizado, los conocimientos añadidos fueron asimismo potenciados en beneficio de la economía y el intercambio. Así, por ejemplo, el cálculo numérico que empezó siendo sencillo y directo se fue tornando complejo a medida que las operaciones se multiplicaban y requerían la especialización de contables y escribanos preparados para ello en algunas escuelas urbanas italianas o flamencas[257].

Ello explica la aparición de manuales de aritmética destinados al aprendizaje para los negocios, los cuales estuvieron muy influidos por la ciencia árabe filtrada a Europa a través de España e Italia. Los números árabes y el cero fueron ilustrados por LEONARDO DE PISA, llamado el FIBONACCI, en 1202 en el *Liber Abbaci*[258]. Los manuales de comercio surgidos desde mediados del siglo XIII advierten de la necesidad de que el comerciante conociera debidamente los nombres de las mercancías, los pesos y las medidas, los lugares principales del comercio, las rutas, los medios y los transportes.

Uno de los tratados prácticos más famosos de comienzos del siglo XIV es el de la *Pratica della Mercatura* (Prácticas del comercio) de los florentinos Francesco di BALDUCCIO PEGOLOTTI, que fue factor de los Peruzzi en Famagusta, en Brujas y en Londres, y de Giovanni DI ANTONIO DA UZZANO; "El libro de las mercancías y usos de los diversos países" *(El libro di mercantatie et usanze de paesi)*, atribuido a Lorenzo CHIARINI; una obra veneciana anónima, "Tarifa y conocimiento de los pesos y medidas de las regiones y países que se dedican al comercio en el mundo" *(Tarifa zoé noticia dy pexi et mesure di Ivoghie e tere che s'adovra*

---

[255] CRUMP, C.G. (dir) Universidad de Oxford, *El legado de la Edad Media*, Pegasso, Madrid, 1950, página 569.

[256] LE GOFF, Jacques; *Mercaderes y banqueros de la edad media*, Eudeba, Buenos Aires, 1962, página 38

[257] REHME, Paul: *op. cit.*, página 79.

[258] ASCARELLI, Tullio; *op. cit.* página 32, quien para darnos cuenta de la simplificación que trajo aparejada este conocimiento, con el consiguiente progreso que ello significó, nos invita a multiplicar adoptando la numeración romana y prescindiendo del cero.

marcadantía per il mundo)[259] y el libro "Caja y manual de cuentas de mercaderes y otras personas", de Bartolome SALVADO DE SOLORZANO en España, editado en Madrid a finales del siglo XV[260].

La elaboración doctrinal, aunque con inevitable retraso sobre la formación práctica, ya se opera con los comentadores[261] (especialmente BARTOLO DE SASSOFERRATO y su alumno BALDO DE UBALDI), que también en este campo muestran su fuerza creadora; encontrará después una sistematización en el tratado (1533) del anconitano Benvenutto STRACCA que en su *Tractatus de mercatura*, hará una exposición de la materia fundamental para su sistematización y para la formulación de principios comunes que pueden reunirse en torno a la idea de mercado[262].

IX. El Registro mercantil

El Registro mercantil, con función que pertenece en sí al derecho público, sirve en parte como matrícula del gremio, donde son inscritos los comerciantes que forman parte de éste, así como sus dependientes y aprendices, y las marcas comerciales que utilizan, pero en algunas plazas, a partir del siglo XIII existe un registro especial, con una finalidad exclusivamente de derecho privado y totalmente independiente de los intereses de la corporación: la anotación de los poderes generales (vulgarmente denominados *prokura*) conferidos por los principales a individuos de su personal, las sociedades mercantiles y las marcas. Sirven tales registros, no tanto para proteger al público, como a aquél a cuya instancia se hace la inscripción.

En el Consejo del Hansa de Lübeck, a partir de año 1311 se inscriben los contatos de sociedad mercantil celebrados en su presencia en un cuaderno especial, llevado a ese sólo efecto. Existen en él 280 asientos de registro de sociedades. No obstante, fue llevado sólo hasta 1360 en que volvieron a asentarse en el libro ordinario de registro municipal[263].

Ello se ve especialmente en el caso del registro de marcas, pero también en los negocios celebrados por los inscriptos como apoderados, ya que sólo responde el principal si no ha sido cancelado el asiento. Los

---

[259] LE GOFF, Jacques; *Mercaderes y banqueros de la edad media*, Eudeba, Buenos Aires, 1962, páginas 115 y 116.

[260] MALAGARRIGA, Carlos; *op. cit*, página 438.

[261] También llamados postglosadores, por haberle sucedido en el tiempo a los glosadores. Si bien las glosas eran simples apostillas interlineales o marginales, en cambio el concepto de *interpretatio* superó los límites literales iniciales y llegó a ser de gran amplitud. Completan este segundo grupo Giovanni d'Andrea (1270-1348), Niccolo dei Tedeschi (m. 1453) y Pierre de Belleperche (m. 1308), entre otros. *Vid* CIURO CALDANI, Miguel Angel; *Perspectivas...* página 149 y *Estudios...*, página 97.

[262] ASCARELLI, Tullio; *op. cit.*, páginas 36 y 45.

[263] REHME, Paul; *op. cit.*, página 128.

inscritos como socios responden únicamente en la medida prevista en el asiento, y especialmente no les alcanza responsabilidad alguna por los contratos celebrados después de anotada su exclusión[264].

A. Registro de marcas

Las marcas de los productores y mercaderes (*marcha, signum*), aplicadas en considerable medida, tanto como trazo o signo manuscrito distintivo en los documentos o en las cosas y como contraseña de procedencia o producción, gozan de protección jurídica.

La organización de la actividad mercantil se conecta con la idea de la hacienda, del establecimiento, *fondaco* de los italianos, *fonds* de *commerce* de los franceses y por ello de los signos distintivos: la razón social y el rótulo, mientras, en cambio, la marca del producto está en armonía con la preocupación de garantizar el producto con los criterios fijados por la corporación[265].

Se reconocen como marcas la del modelo y la patente de invención, muy probablemente como una institución procedente del antiguo derecho germánico donde recibe el nombre de *merke* o *nota* y pone de manifiesto la pertenencia jurídica de cierta mercadería[266] y recoge como antecedente a las *signa mercatorum* vinculadas al régimen de privilegios de gremios y corporaciones como marcas colectivas de aquellos productos elaborados según las pautas de la corporación[267].

B. Nombre comercial y razón social

El empleo de un nombre comercial, distinto del nombre civil del comerciante individual, apenas ocurría; en cambio, aparecen razones sociales ya desde época muy temprana: en la mayor parte de los casos, el nombre civil de uno de los socios (o de varios) lleva un complemento como: "e compagní", "et socii", et socii mei, "e la sua compagnia", "et ejus societas", et sua societas, cum sua societas o venidimus domun.

X. El mediador

Se presenta plenamente desarrollada la institución del mediador mercantil oficial ("sensalis" del árabe simsár; "proxeneta", "mediator" o en alemán *unterfunkel, mediator, mäkler, mekeler o makelaer*), cuya

---

[264] REHME, Paul: *op. cit.*, página 79
[265] ASCARELLI, Tullio; *op. cit.*, página 39.
[266] REHME, Paul; *op. cit.*, página 80 y 130 en relación con Alemania.
[267] GARRIGUES, Joaquín; *op. cit.*, página 256.

procedencia parece estar en el tráfico a distancia y en la función, con él conexa, de los intérpretes.

Los mediadores son casi siempre nombrados por la corporación, y en general, se distinguen entre sí según la clase de negocios en que se ocupan; prestan juramento al entrar a desempeñar su cargo. Con frecuencia, reúnense formando un gremio. Su condición y funciones se regularon repetidamente por medio de ordenanzas especiales. Por un lado, están sometidos a determinadas restricciones: es general, la prohibición de ejercer comercio por cuenta propia o por cuenta ajena; muchas veces se incluye la de asociarse con otros mediadores, y a veces, les está también vedado aceptar fianza en garantía de los negocios en que intervienen[268].

Pero en cambio gozan de monopolio en la mediación (incluso, en algunos casos, existe el deber jurídico de valerse de ellos), y tienen acción para el cobro de sus derechos, que regularmente pagan ambas partes por mitad, y cuya cuantía determinan, con carácter obligatorio, el derecho estatuído o la costumbre.

El mediador es guardián de la legalidad mercantil. A todas luces, la institución está íntimamente relacionada con el cuidado e inspección del comercio por la autoridad pública, característicos de la Edad Media. Es además perito para la tasación y verificación de los desperfectos o la mala calidad de la mercancía, pero no le está atribuida fe pública; ni tan siquiera puede decirse que sus declaraciones orales tengan algún valor extraordinario. Tan sólo en época posterior es cuando se reconoce a sus testimonios y anotaciones fuerza probatoria especial[269].

XI. El corretaje

La actividad mercantil exige una red de auxiliares, especialmente cuando se ejerce entre plazas distantes; auxiliares en el establecimiento del principal (factores y dependientes) y auxiliares lejanos (agentes y comisionistas)[270].

Los corredores aparecen en esta etapa especialmente en los estatutos de Italia y en el derecho consuetudinario de Francia con el nombre de *mezzani* o *sensali* y *curretiers* respectivamente. En los primeros tiempos profesión de corredor era libre. Como una forma de evitar que del sistema se derivasen abusos se comenzó a reglamentar el corretaje. En Italia los primeros textos son de la segunda mitad del siglo XIII. En

---

[268] Ibídem.
[269] Ibídem y página 126 en referencia a la institución en Alemania.
[270] ASCARELLI, Tullio; *op. cit.*, página 39.

España encontramos igualmente las primeras ordenanzas para corredores hechas por los magistrados de Barcelona en 1271[271].

Es en esas ordenanzas catalanas donde por primera vez aparecen sujetos a reglamentaciones los corredores atendiendo a que se habian constituído en depositarios de los secretos de los comerciantes, razón por la cual se les llamaba corredores "de oreja" para distinguirlos de los que se encargaban de subastar mercaderías o de publicar en voz alta. Pero esa ordenación del corretaje no implicó pérdida de su condición libre, con tal que se prestara juramento y se abstuviese el corredor de ejercer el comercio en calidad de mercader independiente.

Fue recién en los siglos XV y XVI que el corretaje se elevó a condición de oficio público. En España, las Ordenanzas de Bilbao de 1459 prescribieron en este sentido que los libros del corredor harían fe en juicio en caso de discrepancia entre los contratantes y luego en 1501 la Ordenanza barcelonesa del 29 de abril establece las dos notas del nexo corporativo y la oficialización del monopolio, con la consiguiente limitación de plazas. En Francia se erigió en oficio la función de corredor en 1572[272].

XII. La quiebra

A. Antecedentes germanos

Entre los pueblos germanos se conoció siempre la ejecución patrimonial en razón de que el vinculo obligacional se apoyaba, no sobre la persona del deudor, sino sobre sus bienes que al igual que en la sucesión pertenecían a la comunidad y era ésta la que los ejecutaba para restituírselo a aquellos de quienes el deudor los había tomado sin cumplir con la contraprestación equivalente que había prometido.

En función de tal concepto, era sostenida la idea de que en caso de incumplimiento el acreedor gozaba de un derecho de prenda y secuestro sobre uno o varios bienes del deudor, que resultaran suficientes para satisfacer por equivalente su derecho, una vez que se produjera la liquidación o venta de tales bienes. Como lógica consecuencia, se pasó de los embargos individuales y del secuestro, a la declaración de quiebra y desapoderamiento del deudor insolvente, pues el patrimonio en su integridad se consideraba la garantía genérica de los acreedores[273].

En tales casos, el deudor era tratado con suma severidad, quedando

---

[271] MALAGARRIGA, Carlos; *op. cit.*; página 117.
[272] Idem, página 118.
[273] GOMEZ LEO, Osvaldo; op. cit., página 152.

obligado a presentarse ante el magistrado, debiendo declarar bajo juramento quiénes eran sus acreedores, los montos adeudados, las fechas en las cuales había contraído sus deudas y debiendo asumir el compromiso de hacer efectiva la pignoración que pesaba sobre sus bienes, cediendo *(datio in solutio)* la totalidad de ellos o, en su caso, los que fueran necesarios para atender el pasivo.

En caso de que el deudor no cumpliera con su juramento, ocultándose o fugándose, para no realizar la *datio in solutío* prometida, los acreedores quedaban habilitados para solicitar el desapoderamiento del *fugitivus* que era decretado por el magistrado dictando la *datio in solutium per iudicis*, que importaba la sustitución del deudor remiso por una especie de oficial de justicia que procedía a la incautación del patrimonio del *fugitivus* [274].

B. Características generales en el derecho estatutario

En el derecho estatutario el procedimiento colectivo de la quiebra se definió mas y se perfiló con las características conocidas en la actualidad como un instituto contra la insolvencia mediante el concepto de cesación de pagos. En Florencia, Génova, Milán, Bolonia, Venecia, y otras ciudades se organizó la liquidación de la quiebra con desapoderamiento, formación de la masa, designación de síndicos, verificación de créditos, concordato, moratorias concedidas por las autoridades, aunque el fallido era en principio considerado un delincuente y se lo incapacitaba políticamente[275].

También nació la idea de la cesación de pagos. En el Costituto de Siena de 1262 aparece por primera vez la palabra "cesante" para designar al comerciante en estado de quiebra, en el Título II, capítulo LXXIV[276]. Esta expresión que dio origen a la fórmula moderna de la cesación de pagos fue un concepto aceptado más tarde por el Estatuto de

---

[274] Ibídem.

[275] El fallido y sus cómplices eran sancionados penalmente, de modo diverso. Como primera medida se decretaba su arresto por la autoridad oficial, aunque algunos estatutos preveían que fuera por intermedio de los acreedores, quienes debían entregarlo inmediatamente a la autoridad, para que lo aloje en la cárcel comunal. El estatuto de los mercaderes de Bolonia en caso de encontrarse el quebrado *fugitivus* sancionaba con la pena de muerte al prófugo si continuaba su huida y el de Lucca incluía la tortura para constreñir al fallido. Diversos estatutos contemplaban otras sanciones, como la pérdida de la ciudadanía; imposibilidad de ejercer cualquier oficio; incapacidad para ejercer el comercio; fijación de carteles en los edificios públicos; inscripción de su nombre en los registros del municipio; hasta llegar a la imposición del uso de un gorro blanco o verde, como señal de la pública infamia que importaba la quiebra. Mas tarde una bula del Papa Pío V, en 1510, consideraba como ladrones y defraudadores, incluso a los que quiebran por negligencia o disipación. En Toscana, la quiebra dolosa era asimilada al hurto calificado y a la estafa. GOMEZ LEO, Osvaldo; *op. cit.* página 160.

[276] Costituto de Siena, de 1262, título II, capítulo LXXIV: *"Et si quis Senensis fugerit de civitate Senarum vel cessauerít cum avere alterius, vel fugigi, vel cessavit ... im perpetuum non possit esse civis vel habitator Senensis".*

Florencia, de 1415, Libro III, rúbrica 1[277], el Estatuto de Bolonia, de 1550[278] y otro Estatuto de Florencia, del año 1577, Libro III, rúbrica 2[279].

Durante mucho tiempo fue la fuga el hecho revelador de la cesación de pagos conservándose el nombre de *fugitivus* para designar al deudor insolvente (*decoctus*) aunque no mediara alejamiento del lugar[280]. Además de la fuga, constituían hechos reveladores de la insolvencia, la ocultación, el robo, el hurto, el incumplimiento de pago, la confesión del deudor, la notoriedad, la pública voz y la ruptura del banco en la plaza del mercado, acto simbólico equivalente a la clausura del negocio y origen del vocablo "bancarrota", sinónimo de quiebra[281].

El proceso de ejecución colectiva es conducido por la autoridad publica representada por magistrados especializados que se llamaban, en Bologna "jueces especiales", en Venecia "jueces de las peticiones", y posteriormente: "sobrecónsules de los mercaderes", en Génova, "magistrados de los quebrados", en Piamonte: "Consulados del comercio y del senado" y en Nápoles "magistrados de comercio".

Desde otro punto de vista, en ese derecho estatutario nació el principio del "voluntarismo" o sea el de que son los acreedores los que, como interesados, deben ser quienes decidan[282].

Se produce la incautación, de todos los bienes del fallido, que según los estatutos mas antiguos eran entregados en custodia a los acreedores y posteriormente a uno o más curadores o síndicos nombrados a propuesta o con la conformidad de los acreedores[283].

Los acreedores son convocados a verificar sus créditos. La legitimidad de ellos es reconocida por la autoridad pública que le atribuye la cualidad y derechos de concurrente, quedando organizados como una comunidad jurídica que delibera por mayoría y se rige por las *pars condítio omnium credítorum*.

Los legítimos acreedores, en los estatutos más antiguos, a fin de satisfacer sus acreencias, recibían de la autoridad los bienes *in natura* que integraban el activo de la quiebra. Posteriormente, la propia autoridad o el síndico designado, bajo el control de aquélla, procedía a la liquidación

---

277 Estatuto de Florencia de 1415, libro III, rubr. 1: *"Quicumque mercator vel artifex ... qui ... cessabit vel aufugiet cum rebus et pecunia alienis"*

278 Estatuto de Bolonia de 1550, rubr. 4 se refiere al *"mercadante che si dicesse aver fallito o cessato o si fosse reso fuggitivo o ascoso o tenesse per tre di lavoratori la bottega serrata".*

279 Estatuto de Florencia de 1577, libro III, rubr. 2, se refiere a *"quelli que notoriamente cessaranno o sí fuggiaranno con le pecunie e robe altrui o che sí ritireranno in franchigia o nin qualunque modo fuggiranno il cospetto dei loro credltori serrando i loro traffici e ricusando di fare il dovere a chi aura loro creduto"*

280 Estatutos de Brescia, n° 107; Florencia, de 1415, libro III, rúbrica I, de Génova, de 1498, libro 1V, capítulo 7; de Padua, de 1420, *rubrica de fugitivus*, en idem, página 156.

281 Ibídem.

282 REHME, Paul; *op. cit*, página 80.

283 GOMEZ LEO, Osvaldo; *op. cit.* página 159.

de los bienes en pública subasta, distribuyendo su producido en forma proporcional entre los acreedores concurrentes reconocidos[284].

C. El salvoconducto y el concordato

El derecho estatutario conoció dos instituciones concursales tendientes a atemperar las rigurosas consecuencias del procedimiento falencial de la época. Ellos fueron el salvoconducto y el concordato o convenio de mayoría. El salvoconducto fue una institución destinada a facilitar que el deudor fallido que se hallaba fugitivo o encarcelado tuviera la posibilidad de salir de la cárcel o regresar del exilio, por un plazo de quince días a dos años, a fin de gestionar con sus acreedores el concordato o convenio de mayoría necesario para poner fin a su estado de falencia[285].

Respecto del concordato, si bien en Roma existió una institución similar propia del derecho hereditario, fue en la legislación estatutaria italiana donde vio la luz esta institución como modo de poner fin a la quiebra, eliminando el estado de falencia (concordato resolutorio); Posteriormente también se contempló para llevarlo a cabo antes de la quiebra con la finalidad de evitarla (concordato preventivo). Prácticamente en todas las ciudades italianas recibió consagración legislativa el concordato, en sus dos variedades, siendo el Estatuto de Lucca (años 1556 y 1610) el primero en establecer el concordato preventivo, y en regular de manera mas completa el instituto que nos ocupa, fijando condiciones similares a las que actualmente rigen la especie tales como que el acuerdo puede tener contenido remisorio o dilatorio; debe respetar la igualdad de trato *(par omnium conditio creditorum)*; obtener la adhesión de una determinada mayoría del pasivo o de los acrcedores o, en su caso, de una doble mayoría del pasivo y de los acreedores[286] y contempla la exclusión de los acreedores privilegiados, hipotecarios, prendarios o con garantía[287].

D. La quiebra como instituto de derecho común

Como vimos anteriormente, en virtud del ejercicio por parte de la jurisdicción consular de numerosas relaciones de derecho privado el

---

[284] Ibídem.

[285] Idem, página 157.

[286] El Estatuto de Bologna exigía dos tercios de los créditos. El de Padua, tres cuartos de las deudas, y no de las personas. El Estatuto de Génova (de 1589 y de 1689) exigía siete octavos de los acreedores. El Estatuto de Florencia exigía dos tercios del pasivo y dos tercios de los acreedores.

[287] Estatuto de Génova, Libro IV, capítulo IV.

procedimiento del concurso se aplicaba indistintamente, como instituto de derecho común, a toda clase de deudores, comerciantes o no. Son expresos en tal sentido los Estatutos de Siena, de 1262; Venecia, de 1244 y 1395; Vercelli, de 1223; Padua, de 1420; Génova, de 1498; y Bolonia, de 1509. La quiebra como un procedimiento propio y exclusivo de la clase mercantil, es un reflejo de la influencia ejercida por el *Code de Commerce* de 1807 cuando imprimió el carácter objetivo del acto de comercio por las razones antes apuntadas y, que fundó sobre esta falaz distinción entre deudor comerciante y no comerciante el sistema de la institución y la especial característica recién abandonada por las legislaciones actuales como una tendencia mas del ocaso de los cauces objetivistas impuestos en el período de la codificación[288].

E. Otros ordenamientos

En Francia, los procedimientos de las ciudades italianas fueron adoptados primero por Lyon. Después, una Ordenanza de 1463 dedicó un titulo a las quiebras y bancarrotas, con pena de muerte para los fallidos fraudulentos, en cambio establecía también, medios para substraer a los deudores de buena fe de las consecuencias personales de la quiebra.

En España donde ya las Partidas organizaban un procedimiento colectivo de ejecución[289] compuesto por doce leyes, se imprimió un carácter oficial a los procedimientos de la quiebra, en oposición al "voluntarismo" de los estatutos italianos. Este "autoritarismo" influyó en Alemania, sobre todo por la difusión allí del *Labyrintius Creditorium*, de Francisco SALGADO DE SOMOSA[290], obra sobre quiebras publicada ya en la edad moderna (siglo XVII)[291].

XIII. El Transporte marítimo y el seguro

De un modo peculiar se regula en los estatutos la responsabilidad del armador. La avería gruesa, en lo fundamental, se rige por principios romanos siquiera sea también perceptible aquí el influjo de

---

[288] Cfr. en tal sentido PROVINCIALI, páginas 116 y 117 *cit.* en GOMEZ LEO, Osvaldo; *op. cit.*, página 157.

[289] Contenido en la Partida 5a, Título XV: "De como han los debdores a desamparar sus bienes quando non se atreven a pagar lo que deben et de como debe seer revocado el enagenamiento que los debdores facen maliciosamente de sus bienes".

[290] El título completo de esta obra con que apareció publicada la primera edición era "*Labyrinthus creditorum concurrentuim ad litem per debitorem communem inter illos causatam*". Sumtibus Laurentii Anisson. Lugduni. MDCLXXII. Laberinto sobre los acreedores que concurren a juicio por una disputa causada por un deudor común. Editor Lorenzo Anisson, Lyon 1672.

[291] MALAGARRIGA, Carlos; *op. cit.*; páginas 4 y 5.

determinadas ideas germánicas (especialmente, el "agermamament" del Consolat del Mar, esto es, el "hermanamiento" de buque y carga, con el objeto de responder en común de las averías, tiene fundamento germánico).

El préstamo naval, con la commenda, el negocio de especulación más importante del comercio medieval — hasta que fue desplazado como tal por las sociedades mercantiles, cuando éstas alcanzaron su pleno desarrollo — sigue siendo, en sus líneas esenciales, tal y como la Antigüedad lo conociera y desarrolláramos en su oportunidad.

En el préstamo marítimo; que cumple, económicamente considerado una doble función: para el prestamista representa una colocación ventajosa de capital; para el prestatario, un desplazamiento del riesgo de la travesía; está ya, el embrión, del seguro de prima, que alcanza ya en la Edad Media, entre los pueblos latinos, pleno desarrollo.

Puede probarse su existencia en Italia, a partir de comienzos del siglo XIV, y concretamente, aparece primero como seguro marítimo para el transporte de mercaderías — viniendo luego a añadiese el seguro terrestre igualmente para las mercancías — y finalmente, como seguro del casco, del flete, del préstamo e incluso como seguro de vida[292]. La idea del seguro mutuo la encontramos latente en unas cuantas instituciones que atienden preferentemente a otros fines: así, por ejemplo, en las corporaciones y gremios, en relación con el deber de ayuda recíproca de los que las componen, y también en la "colonna". Pero aparecen también uniones de seguros propiamente tales, aun cuando excepcionalmente[293].

XIV. Otras instituciones

El derecho mercantil en la Edad Media no se limitó a la regulación especial de unas cuantas materias del comercio, sino llegó a ser, por su extensión e importancia, una verdadera rama jurídica.

Como figuras puramente mercantiles, de esta epoca, pueden citarse, prescindiendo de algunas clases de títulos-valores, los privilegios del

---

[292] A fines del siglo XIV algunas "compañías", como por ejemplo la del mercader pisano Francesco di Marco da Prato se especializaron en esas operaciones. El texto de un memorandum de fecha 3 de agosto de 1384, extraído de uno de sus registros es acercado por LE GOFF y lleva como título el siguiente: "He aquí un registro de Francesco di Prato y Compañía, residentes en Pisa, en el cual escribiremos todos los seguros que hagamos para otros. Dios haga que saquemos provecho de ellos y nos proteja de los peligros: Aseguramos a Baldo Ridolfí y Cía. por cien florines oro de lana cargada en el barco de Bartolomeo Vitale en tránsito de Peñíscola a Porto Pisano. De estos 100 florines que aseguramos contra todo riesgo, recibimos 4 florines oro al contado, como atestigua un acta manuscrita de Gherardo d'Ormauno que refrendamos". Y más abajo: "Dicho barco ha llegado a buen puerto en Porto Pisano, el 4 de agosto de 1384, y quedamos descargados de dichos riesgos". LE GOFF, Jacques; *Mercaderes y ...*, páginas 31 y 32.
[293] REHME, Paul: *op. cit.*, página 85.

prestamista pignoraticio en la venta, el derecho de prenda legal del porteador sobre los bienes objeto de1 contrato, y posteriormente, en el siglo XVI será rígido derecho de retención referido a uno de los principios fundamentales del viejo derecho germano.

En el derecho de obligaciones es de importancia decisiva la "práctica leal del comercio", la *aequitas mercatoria*, y ello brinda a los usos mercantiles ("consuetudo", "usancia") un papel esencial. En los contratos celebrados entre comerciantes, rige el principio de 1a libertad de forma. Se reconoce el contrato abstracto, y el titulo o documento abstracto de la obligación hace prueba plena. Los comerciantes deben pagarse entre sí intereses de mora. El vendedor está obligado a entregar la mercancía de la clase y condición que corresponden a los preceptos estatutarios y sean los corrientes en el intercambio de buena fe. El comprador tiene el deber de denunciar sin retraso los vicios de la cosa.

Muchos de estos preceptos fueron recepcionados en la etapa de objetivización del derecho mercantil y figuran en los Códigos de Comercio y muy significativamente en el argentino de 1859[294].

XV. Panorama tridimensional y visión axiológica de la medievalidad

En la dimension sociológica la juridicidad medieval se caracterizó por una fuerte pretensión de naturalidad vinculada ciertamente a la sobrenaturalidad, que desde el punto de vista trialista significa el juego de las distribuciones[295].

Estuvo signada por una fuerte limitación de la capacidad repartidora del hombre alimentada por la fuerte presencia juridica de la Iglesia y el sentido religioso frente a las cosas y a la vida misma. Se desenvolvió con un fuerte sentido de la ejemplaridad y la costumbre[296].

En el marco de la dimensión normológica la juridicidad medieval tuvo una fuerte referencia al derecho natural y en el marco del derecho positivo desarrolló junto a los derechos particulares –fueros, costumbres y estatutos- el derecho común romano justinianeo y el derecho canónico.

---

[294] El primer Código de Comercio Argentino fue promulgado por la Provincia de Buenos Aires el 8 de octubre de 1859. El 12 de septiembre de 1862 el Congreso de la Nación lo declaró "Código Nacional" adoptándose para todo el territorio del país por ley 15. Hasta ese momento en Buenos Aires, Santa Fe y Entre Ríos regía el ordenamiento ya mencionado, en tanto en Mendoza, Corrientes y San Juan, el Codigo Español de Comercio de 1829 y en el resto del pais las Ordenanzas de Bilbao completadas desde 1810 con algunas disposiciones aisladas sobre corredores, actos de comercio y quiebras. El 5 de octubre de 1889 fue puesto en vigencia como edición oficial nacional con motivo de la sanción de la ley de reformas 2.637 y comenzó a regir, en tal carácter el 1° de mayo de 1890.

[295] CIURO CALDANI, Miguel Angel, y CHAUMET, Mario; "Perspectivas jurídicas dialécticas entre ....", página 67.

[296] Idem, página 68.

Fue un tiempo de pluralidad de derechos que pese al limitado desarrollo de la expresión escrita fueron recopilados conviviendo conflictivamente entre sí los derechos particulares y el derecho comun[297].

En la dimensión dikelógica la medievalidad estuvo signada por un fuerte sentido de ejecución colectiva de los valores, tanto que se desarrolló poderosamente la Iglesia. Hubo gran integración del valor justicia con el valor santidad que a veces adquirió un papel arrogante atribuyéndose el material estimativo del primero e incluso lo subvirtió contra el valor humanidad (el deber ser cabal de nuestro ser)[298].

Se desarrollaron ciertos criterios orientadores generales respecto de la justicia al igual que sentidos de legitimación aristocrática, sobre todo en términos de santidad y poder.

La medievalidad se ocupó de la vida humana como objeto repartidero legitimado de manera sobrenatural. Tuvo un sentido comunitario de la propiedad (el espacio para el mercado, el campo común, la sucesión de los bienes en el derecho germánico). Ejerció un fuerte humanismo intervencionista, signado por un gran sentido de comunidad, la práctica de la caridad protegiendo al individuo fuertemente integrado en comunidad por la propia naturaleza de las cosas frente a un mundo que parecía enorme ante la contemplación del desorden, la indomable naturaleza, la peste, la carestía y la guerra.

Luego de vivir por un largo período dominado por el valor santidad a cuyo servicio se fue constituyendo el seguro orden de la iglesia como contraposición al relativo desorden que aparejó la caída del imperio y el surgimiento de los nuevos pueblos empujados del Este, la segunda mitad del periodo medieval comenzó a desarrollar otros valores, entre los que se desatacó mayormente la utilidad aunque hubo otros como la belleza, el lujo o comodidad para salir de la austeridad de la alta edad media.

Es en el marco del primero que se fueron desarrollando estas relaciones entre comerciantes que dieron origen a un derecho, útil para ellos, que le proporcionaba cierta seguridad y agilidad en la resolución de sus conflictos. Valores estos propios del tráfico mercantil que iluminarían todo este derecho a lo largo de su desarrollo, aunque no obstante habría de pasar por momentos contractivos, algunos de relativa intervención estatal y otros mixtos.

También la búsqueda de la justicia iluminó este período. La justicia había estado "secuestrada" u opacada por la santidad y ahora comenzaba a consolidarse con la idea de verdad. Empero en la

---

[297] Idem, página 69.
[298] Ibídem.

particularidad de este derecho estamentario, para los que formaban parte de él, lo que se persigue es el lucro que viene a desdibujar la igualdad mas o menos teórica de los contratos civiles que tienden a lo conmutativo de sus prestaciones.

El lucro evidente del comerciante, lesión tolerada desde antiguo, adquiere a veces el relieve de especulación y suscita la reacción de los poderes legislativos de la época. El comerciante por ello impone sus métodos al particular. Esos usos que han ido engendrando normas particulares terminaron teniendo reconocimiento en cuerpos legales que en principio fueron recopilaciones privadas y obtuvieron asenso generalizado promediando la Edad Media.

Como todo derecho estamental empezó a regir entre particulares comerciantes, pero luego se extendió a los civiles quienes estaban en franca desventaja ya que no conocían sus reglas frente al avezado mercader. Allí es donde se ve mas claramente la intervención de los poderes públicos para legislarlo, darlo a conocer y evitar la lesión a los intereses del cocontratante.

No hizo falta un GNEO FLAVIO que robara las fórmulas, pero su publicidad no alcanzó a plasmar totalmente la idea de igualdad aunque impera la autonomía, el reparto autonomo, la ejemplaridad al hilo del modelo seguimiento y relativamente el valor cooperación que se ve por ejemplo en la letra de cambio donde se precisa de alguien en otra plaza que pague a un tercero, que precisa de él, aunque claro todo impregnado por el lucro, que a veces es la legítima ganancia de quien presta el servicio y otras veces fuente de abusos.

La gran proyeccción expansiva de este periodo medieval que rompía siglos de relativo aislamiento orientaría sin duda la vida posterior de la cultura occidental e impulsaría a la materia mercantil de sus primigenios moldes, desde los cuales, dimensionados recorrerían mil años de derecho para convertirse en el tercer milenio en los sostenedores del mundo capitalista inmerso en el proceso globalizador.

En esta época se hace necesario repensar el derecho, adaptarlo a las nuevas necesidades comerciales, crear nuevas formas e instituciones jurídicas, todas iluminadas por la gran practicidad y tendientes a resolver en la utilidad y eficacia las causas de su creación; la letra de cambio, la partida doble y la sociedad entre los mas destacados.

A MODO DE EPILOGO

ORTEGA Y GASSET solía decir que investigar es tanto descubrir una verdad como su inverso, o sea demostrar un error. Saber es simplemente enterarse bien de esa verdad y poseerla una vez hecha o lograda. Todo lo que se haga con esa verdad lograda y poseída ya no es ciencia ni es investigación, salvo que su contenido sea puesto en cuestión y vuelto nuevamente a convertir en problema.

Por eso, el objeto de este trabajo no va más allá de la mera síntesis de la historia tal como no es conocida, del análisis de la doctrina y la interpretación de ciertos textos la partir de las conclusiones arrojadas por aquéllas.

Como en toda síntesis, se corre el riesgo de dejar fuera importantes temas o autorizadas opiniones, riesgo, empero, que deberá excusarse teniendo en cuenta que este trabajo no aspira a hacer un gran aporte al conocimiento del Derecho Mercantil ya que más que originalidad, he pensado en ofrecer una visión mas o menos amplia y sistemática de los postulados que se han desarrollado sobre la formación de este derecho y los institutos por él ideados en las edades antigua y medieval.

No está en mí la capacidad de aportar novedades a la elaboración doctrinaria del tema, sino sólo imponer el desarrollo de sus logros para emplearlos en nuestro trabajo, sin otro ánimo que el de haber proporcionado algunas reflexiones sobre el tema de este estudio y en la seguridad de que la amabilidad del lector sabrá disculpar mi audacia ya que mi finalidad no va más allá de un esfuerzo por exponer conceptos que arrojen luz sobre el problema didáctico objeto del presente.

Sin haber querido agotar de manera alguna los tópicos desarrollados, este trabajo ha tenido por objeto aportar un breve panorama introductorio a los antecedentes, orígenes y formación del derecho mercantil, desde la perspectiva de su desarrollo histórico y avanzando con la conceptualización del mismo a través de las sistematizaciones elaboradas por la doctrina comercial de mayor preponderancia en la actualidad.

Es de esperar que esta pequeña contribución ayude al lector a interpretar el fenómeno del nacimiento del derecho comercial a lo largo de la historia y de los diversos ordenamientos jurídicos de los pueblos occidentales y el despliegue futuro que esta rama del derecho presenta de cara a la postmodernidad para lo cual precisamente es necesario conocer su historia y, a través de ella, las causas que han movido su evolución, esperando que el lector haya podido encontrar una guía a fin de facilitar la comprensión del fenómeno y de su contenido. Si eso llegara a ocurrir el aporte de este trabajo habrá cumplido el objetivo trazado y para el cual fue concebido.

BIBLIOGRAFIA CITADA

APPRATO, Carmen; *Economía y sociedad en la Edad Media*, Editorial Kapelusz, Buenos Aires, 1972.

ARIAS RAMOS, J.; *Derecho Romano*, Tomo I, Editorial Revista de Derecho Privado, Madrid, 1969.

ASCARELLI, Tullio; *Iniciación al estudio del derecho mercantil*, Bosch Casa Editorial, Barcelona, 1964.

ASCHERI, Mario, *I Diritti del Medioevo Italiano, Secoli XI-XV,* Carocci editore, Roma, 2000.

BONFANTE, Pietro; *Historia del derecho romano*, Tomo I, Editorial Revista de Derecho Privado, Madrid, 1944.

BÜHLER, Johannes; *Vida y cultura en la Edad Media*, Fondo de Cultura Económica, México, 1957.

BURCKHARDT, Carl J.; "El descubrimiento de lo inesperado", en *La historia entre ayer y mañana*, Munich, 1974.

CARAMÉS FERRO, José Manuel, *Curso de derecho romano*, Editorial Perrot, Buenos Aires, 1976.

CARAMÉS FERRO, José Manuel y LOUZAN DE SOLIMANO, Nelly Dora; *Derecho e historia en Roma*, Editorial Perrot, Buenos Aires, 1974.

CASTRO DASSEN, Horacio y GONZÁLEZ SÁNCHEZ, Carlos; *Código de Hamurabi*, Cooperadora de Derecho y Ciencias Sociales, Buenos Aires, 1966.

CIURO CALDANI, Miguel Angel; "Bases culturales del derecho argentino" en *Boletín del Centro de Investigaciones de Filosofía Jurídica y Filosofía Social*, número 27, Fundación para las Investigaciones Jurídicas (FIJ), Rosario, 2003.

- *Derecho y Política*, Depalma, Buenos Aires, 1976.

- *Estudios de Filosofía Jurídica y Filosofía Política*, Fundación para las Investigaciones Jurídicas, Rosario, 1982/4.

- *Estudios de Historia del Derecho*, Fundación para las Investigaciones, Rosario, 2000.

- *La conjetura en el funcionamiento de las normas.*

Metodología Jurídica, Fundación para las Investigaciones Jurídicas, Rosario, 2000.

- "Perspectivas históricas y biográficas en el mundo jurídico" en *Boletín del Centro de Investigaciones de Filosofía Jurídica y Filosofía Social*, número 10, Rosario, 1989.

- *Perspectivas Jurídicas*, Fundación para las Investigaciones Jurídicas (FIJ), Rosario, 1985.

CIURO CALDANI, Miguel Angel, y CHAUMET, Mario; "Perspectivas jurídicas dialécticas de la medievalidad, la modernidad y la posmodernidad" en *Investigación y Docencia* número 21, Fundación para las Investigaciones Jurídicas (FIJ), Rosario, 2003.

CRUMP, C.G. (dir) Universidad de Oxford, *El legado de la Edad Media*, Pegasso, Madrid, 1950.

DI PIETRO, Alfredo, LAPIEZA ELLI, Angel Enrique; *Manual de Derecho Romano*, Depalma, Buenos Aires, 1992.

DHONT, Jan, *La alta edad media*, Siglo XXI editores, Madrid, 1974.

FONTANARROSA, Rodolfo; Derecho Comercial Argentino (Parte General), Víctor Zavalía, Buenos Aires, 1956.

GARRIGUES, Joaquín; *Curso de Derecho Mercantil*, Tomo I, Imprenta Aguirre, Madrid, 1976.

GIERKE, Otto von; *Das deutsche Genossenschaftrecht*, Tomo III: Die Staats und Korporationslehre des Altertums und des Mittelalters und ihre Aufnahme in Deutschland, Berlín, 1881.

GOLDSCHMIDT, Werner; *Introducción filosófica al derecho*, Depalma, Buenos Aires, 1987.

GÓMEZ LEO, Osvaldo; "Estudio sobre el pagaré cambiario: título cambiario primigenio", en *Revista jurídica argentina La Ley*, Buenos Aires, 19 de febrero de 2001.

- "Introducción al estudio del derecho concursal (antecedentes históricos y derecho comparado)" en *Revista del derecho comercial y las obligaciones (R.D.C.O.)*, Año 24, Volúmen 1991-B, Buenos Aires, 1991.

GROSSI, Paolo; *El orden jurídico medieval*, Marcial Pons, Madrid, 1996.

HEGEL, Georg Wilhelm Friedrich; *Lecciones sobre la filosofía de la historia universal*, Alianza Editorial, Madrid, 1977.

IHERING, Rudolf von; *El espíritu del derecho romano*, Casa editorial Bailly-Baillière, Madrid, 1931.

LE GOFF, Jacques; *Mercaderes y banqueros de la edad media*, Eudeba, Buenos Aires, 1962.

LLAMBIAS, Jorge Joaquín; *Tratado de Derecho Civil*, Parte General, Tomo II, Editorial Perrot, Buenos Aires, 1980.

MAGALLÓN IBARRA, Jorge Mario; *El renacimiento medieval de la jurisprudencia romana*, Universidad Nacional Autónoma de México, México, 2002.

MALAGARRIGA, Carlos; *Tratado elemental de Derecho Comercial*, Tomo II, Segunda Parte, TEA, Buenos Aires, 1951.

MARGADANT, Guillermo; *La segunda vida del derecho romano*, Miguel Angel Porrúa Editor, México, 1986.

MENA SEGARRA, Celiar Enrique; *La civilización romana*, Editorial Kapelusz, Buenos Aires, 1973.

- *El estado en la edad media*, Editorial Kapelusz, Buenos Aires, 1972.

MESTRE, Aquiles; *Las personas morales y su responsabilidad penal*, Góngora, Madrid, 1930.

MINGUIJÓN, Salvador, *Historia del Derecho Español*, Tomo I, Editorial Labor, Barcelona, 1927.

MOLINA SANDOVAL, Carlos; "Apostillas sobre la personalidad jurídica societaria en el derecho argentino", en *Revista Mercatoria*, Volúmen 3, Numero 1 (2004).

MOLITOR, Erich - SCHLOSSER, Hans; *Grundzüge der Neueren Privatrechtsgeschichte. Ein Studienbuch. (Perfiles de la nueva filosofía del derecho privado)*, Bosch Casa Editorial, Barcelona, 1980.

MONTIEL, Luis Beltrán; *Curso de Derecho de la Navegación*, Editorial Astrea, Buenos Aires, 1992.

PARAIN, Charles, VILAR, Pierre y otros; *El feudalismo*, Sarpe, Madrid, 1985.

PIRENNE, Henrí; *Las ciudades medievales*, Ediciones 3, Buenos Aires, 1962.

PREVITÉ ORTON, C.W., *Historia del mundo en la Edad Media*, Tomo I, Editorial Ramón Sopena, Barcelona, 1967.

REHME, Paul; *Historia universal del Derecho mercantil*, Editorial Revista de Derecho Privado, Madrid 1941.

RIPERT, Georges; *Compendio de Derecho Marítimo*, Tipográfica Editora Argentina, Buenos Aires, 1954.

SUÁREZ BLÁZQUEZ, Guillermo; *Dirección y Administración de Empresas, II: Actividad aseguradora mutua de empresas terrestres y marítimas*, Universidad de Vigo, Vigo, 2002.

WEBER, Alfred; *Kulturgeschichte als Kultursoziologie (Historia de la cultura)*, trad. Luis Recasens Siches, Fondo de Cultura Económica, México, 1941.

ZALDIVAR, Enrique y FORTÍN, Jorge L.R.; *Sociedad en comandita por acciones*, El Ateneo, Buenos Aires, 1958.

ZALDIVAR, Enrique, MANOVIL, Rafael, RAGAZZI, Guillermo; ROVIRA,

Alfredo, SAN MILLÁN, Carlos; *Cuadernos de Derecho Societario*, tomo I, Ediciones Macchi, Buenos Aires, 1973.

Compuesto, armado y diseñado por *Perspectivas Jurídicas* en el mes de abril de 2005. Impreso y encuadernado por encargo en Talleres Gráficos de la Ciudad Autónoma de Buenos Aires.